U0933808

珍藏本
纪念版

汉译世界学术名著丛书

# 查理大帝传

〔法兰克〕艾因哈德 圣高尔修道院僧侣 著

〔英〕A. J. 格兰特 英译

戚国淦 译

2017年·北京

Eginhard

The Monk of St. Gall

**EARLY LIVES OF CHARLEMAGNE**

Translated and Edited

By

Professor A. J. Grant

Chatto & Windus: London

MCMXXII

译自伦敦查托和温德斯出版公司 1922 年版

# 汉译世界学术名著丛书
## （120年纪念版·珍藏本）
## 出版说明

2017年2月11日，商务印书馆迎来120岁的生日。120年前，商务印书馆前贤怀揣文化救国的理想，抱持“昌明教育，开启民智”的使命，立足本土，放眼寰宇，以出版为津梁，沟通中西，为中国、为世界提供最富智慧的思想文化成果。无论世事白云苍狗，潮流左右激荡，甚至战火硝烟弥漫，始终践行学术报国之志，无改初心。

迻译世界各国学术名著，即其一端。早在20世纪初年便出版《原富》《天演论》等影响至今的代表性著作，1950年代后更致力于外国哲学和社会科学经典的译介，及至1980年代，辑为“汉译世界学术名著丛书”，汇涓为流，蔚为大观。丛书自1981年开始出版，历时三十余年，迄今已推出七百种，是我国现代出版史上规模最大、最为重要的学术翻译工程。

丛书所选之书，立场观点不囿于一派，学科领域不限于一门，皆为文明开启以来，各时代、各国家、各民族的思想与文化精粹，代表着人类已经到达过的精神境界。丛书系统译介世界学术经典，引领时代思想，为本土原创学术的发展提供丰富的文化滋养，为推动中国现代学术和现代化进程做出了突出的贡献。

为纪念商务印书馆成立120周年，我们整体推出“汉译世界学术名著丛书”120年纪念版的珍藏本，寄望既利于文化积累，又便于研读查考，同时向长期支持丛书出版的译者、编者和读者致以敬意。

两甲子后的今天，商务印书馆又站在了一个新的历史时间节点上。我们不仅要铭记先辈的身影和足迹，更须让我们的步伐充满新的时代精神。这是商务人代代相传的事业，更是与国家和民族的命运始终紧密相连的事业。我们责无旁贷，必须做好我们这代人的传承与创造，让我们的努力和成果不仅凝聚成民族文化的记忆，还能成为后来人可以接续的事业。唯此，才能不负前贤，无愧来者。

商务印书馆编辑部

2017年10月

# 中译者序言

查理大帝(768—814 年在位)一称查理曼,是欧洲中世纪历史上的有名人物,是法兰克国家加洛林王朝的第二代君王。查理生活的年代,是西欧封建化过程急剧进行的时刻。他的全部政策代表了新兴的封建主阶级的利益。他统治的四十六年间,曾进行过五十多次战争,建立起囊括西欧大部分地区的庞大帝国,并为自己加上了“罗马人皇帝”的皇冕。连绵不断的战争使法兰克封建主掠夺到大量的土地和农奴,同时也使法兰克自由农民贫困破产,遭受奴役。就是在查理统治期间,法兰克封建制度终于树立起来。恩格斯指出:“在占领高卢时构成了全部法兰克人中的普通的自由人等级消灭了,人民分裂为大土地占有主、臣仆和农奴,——这就是查理为取得他的新罗马帝国所付出的代价。随着普通的自由人的消灭,旧的军事制度瓦解了,随着两者的消灭,王权也崩溃了。查理把他自身统治的唯一基础破坏了。他还能勉强支撑下去;可是一到了他的后继者们的手里,实际上由他亲手造成的东西,却明显地暴露出来了。”[①]这是对于查理的全部事业最为精辟透彻的评价,它戳穿了一千年来封建和资产阶级历史家为了替查理歌功颂

① 《马克思恩格斯全集》,第 19 卷,第 563 页。

德而编造的一切神话。

本书包括两种查理的传记。一种为艾因哈德所撰，另一种为圣高尔修道院某佚名僧侣所撰。两种传记均撰写于九世纪，是关于查理大帝的最早的史料。

艾因哈德约在公元770年出生于法兰克国家东部美因河下游地方一个有地位的封建主家庭里，779年后被送进富尔达修道院受教育。由于艾因哈德学习出色，才智过人，在他刚过二十岁的时候被这个修道院的院长鲍古尔富斯推荐到查理的宫廷去供职。此时，查理已经成为一个十分强大的国家的统治者。他从欧洲各地延揽了一批知名当世的学者到宫廷来，讲求学问，兴办学校，其中最著名的人士是来自不列颠的阿尔昆。查理这种附庸风雅的举动曾获得资产阶级历史家的大声喝彩，被誉为"加洛林文艺复兴"。年轻的艾因哈德跻身于这个文学侍从的小团体，有机会博览群书，接触名家，并直接受到阿尔昆的教益，学识日益精进，成为这一"复兴"的后起之秀。

艾因哈德深受查理的宠信，也尽力为之效劳。他曾几次衔查理之命出使国外。但他绝大部分的时间都是待在查理身边，掌管秘书，参预机要。查理死后，他继续留在其子虔诚者路易的宫廷，恩宠不衰。他曾破例地同时兼领过几个修道院的院长职务，这原是教会宗规所不容许的事情。这时的查理帝国已随着地方封建势力的加强而走向解体。路易同他的儿子们父子兄弟之间战争频仍，宫廷里的阴谋事件也一再发生。艾因哈德决计离开这个政治斗争的旋涡，从830年起隐居于塞利根施塔特的一座修道院，直到840年3月14日去世。

艾因哈德流传下来五种著作，其中以《查理大帝传》最有价值。这部著作写于他住在塞利根施塔特的期间。加洛林时代的文风专以摹仿古典作家为能事，艾因哈德撰写《查理大帝传》也是以苏埃托尼乌斯的《十二凯撒传》为蓝本的。

苏埃托尼乌斯是公元二世纪的罗马史学家。《十二凯撒传》是一部关于共和国末期和帝国初期罗马统治者的传记，记述从尤利乌斯·凯撒到多米提亚努斯十二个统治者的事迹。苏埃托尼乌斯曾供职罗马宫廷，接触过官方文书档案，因之他这本传记保存了许多珍贵的材料。但是书中同时也存在不少缺点，例如只着眼于皇帝个人行事的记载而忽略了对时代背景的叙述，为了追求趣味化而对元首的轶闻、宫闱的秘史作了过分的渲染等等。这就使得这本传记比起同时代的塔西佗的著作来，在史料价值方面不能不居于次要地位。

《剑桥中世纪史》认为艾因哈德对于苏埃托尼乌斯的《十二凯撒传》，是从全貌乃至细节的全面模仿[①]。这种模仿为《查理大帝传》带来深刻的影响。在早期中世纪，教会垄断了历史的编纂工作。历史著作充斥着宗教迷信，成为天主教神学的仆从。这种现象，甚至连格雷戈里的《法兰克人史》和比德的《英吉利教会史》这类史学名著也在所不免。艾因哈德撰写本书时，刻意摹仿古典著作，摆脱这种风气的影响，为查理的一生写成比较真实的记录，这是苏埃托尼乌斯给他影响的好的方面。但在另一方面，他也因袭了苏埃托尼乌斯只写传记主人翁而略去时代背景的笔法，在书中

① 见《剑桥中世纪史》，1957 年版，第 2 卷，第 626 页。

除了记述查理的对外战绩和宫廷生活外，对于这一时期法兰克国家国内外其他方面的情况几乎只字不提。另外，他又极力仿效古典作品通常采用的短小篇幅，“把这项工作压缩在最低的可能限度以内”。（见书中原作者自序）结果使得许许多多他所熟悉的重要材料都被舍弃，而这本本来可以写成洋洋巨著的作品，竟被压缩到两三万字，以致这半个世纪充满动荡和冲突的热闹场面，只剩下一些稀疏的线条留给后人，这是十分可惜的。

《查理大帝传》写成后，获得很高声誉。同时代人瓦拉夫里德·斯特拉博称赞它“提供了丝毫不假的真情实况”。（见本书《瓦拉夫里德的序言》）另外也有人夸奖它的优雅文笔，直逼古典作家。从中世纪流传下来的手抄本，多达六十部，其传诵一时可以概见。

关于本书的评价，诚如艾因哈德本人在自序中所说那样：“我认为没有人能够比我更真实地记述这些事情，而且我也不能肯定有没有别人会写出它们。”无论是同时代或者稍稍晚出的编年史籍与它相比，都可以说是无出其右的。尽管本书对于查理的论述有许多溢美的地方，对于史迹的记载也间有失实之处，但它仍不失为这一历史时期最重要的史料。

另一部查理传记的作者是圣高尔修道院的一个僧侣，已佚其名，有人认为其人是诺特克，有人则不承认，今天已无从判断。①

① 诺特克据《不列颠百科全书》载为瑞士北部人，生卒年代约为公元 840 至 913 年，曾在圣高尔修道院所设学校执教多年。诺特克素患口吃，有人就根据这本传记中作者自称口吃，断定为诺特克所撰。例如《剑桥中世纪史》称这本传记为“口吃者诺特克的有趣的小书”（见该书第 2 卷第 625 页）。另外有人则认为单凭口吃一词，不足为据。例如传记的英译者 A. J. 格兰特认为这只是一种通常作譬喻用的自谦之词，不应就字面意义去理解。

至于撰写时间，书中却有线索可寻。据作者透露，这本传记是查理大帝的曾孙胖子查理在圣高尔修道院作短暂逗留时嘱咐他编写的。胖子查理前往圣高尔修道院的时间为883年，可知这本传记当在此时写成。本书流传至今已残缺不全，前面原有一篇序言，业已散佚；书的末尾也欠完整，作者在第二卷第十六节中曾表示要在写完查理的武功之后再写一些他的生活习惯和平日言谈，如果这些内容曾经单作一卷写出的话，今天也告阙如了。

查理大帝死去半个世纪以后，有关他的种种传说，先是在西法兰克，后是在东法兰克广泛流传开来。传说越来越多，查理这个人物也越来越神圣化，一些虚构的武功和捏造的神话，归到他的身上；一些诸如"萨克森人的使徒"、"耶路撒冷圣城的保卫者"之类的神圣光轮，加在他的头上，等到十二世纪，查理便完全变成一个圣徒。

圣高尔修道院僧侣撰写这本传记，正是这类传说开始流传的时候。作者宣称他的材料根据来源有三，见于书中的则只有两个。其一是阿达尔贝尔特，他隶属于查理大帝的皇后希尔迪加尔德的兄弟克罗尔德部下，曾跟随查理对匈奴人、萨克森人、斯拉夫人作过战。另一是阿达尔贝尔特之子韦林贝尔特，他是同作者一起在圣高尔修道院修道的一个僧侣。第三个来源为何，不得而知。就前面这两个人而言，关于查理是可能提供大量珍贵材料的。但是传记作者基于其基督教会的神学观点，似乎对于那些带有迷信色彩的道听途说更有兴趣。他以更多的篇幅载录了这种荒诞不经的故事，致使他这本著作完全成了一本稗官野史，人们只有在拨开弥漫书中的浓云迷雾以后，才能发现若干有用的材料。

但是也须指出，圣高尔修道院僧侣撰写此书，采摭了许多民间传说，因之在内容上与艾因哈德有所不同。他所叙述的范围不限于阿亨宫廷，而稍稍地接触到宫廷以外的世界，所记载的人物也非集中于查理一人，而是涉及其他某些社会阶层，因之书中所展示的画面，要比艾因哈德的记述宽阔一些。他描绘了处于人身依附地位的匠人遭受的奴役折磨，教俗封建主生活的骄奢淫逸，高级教士的愚昧粗鄙等等；也记载了查理生前和身后在宫廷内部酝酿的一次又一次的政变阴谋。这些都是九世纪的西欧封建社会的如实写照。把两部著作合在一起，可以为查理大帝近半个世纪的统治提供一个粗略的轮廓。《剑桥中世纪史》也指出，“由于艾因哈德，也由于圣高尔修道院僧侣脍炙人口的故事，查理的整个形象被刻画得十分有血有肉，非常清晰地摆在我们眼前。”[①]



艾因哈德和圣高尔修道院僧侣的原著用拉丁文写成。本书系据英国 A. J. 格兰特教授的英译本《查理曼的早期传记》(伦敦查托和温德斯出版公司 1922 年版)译出。英译本原有序言，今略去；原来的注释较繁，现只选译其中一部分，另外由中译者补注了一些，注释后面分别缀以英译者和中译者字样。限于水平，书中可能有不少错误，希读者指正。

① 《剑桥中世纪史》，第 2 卷，第 627 页。

# 目　录

# 查理大帝传

艾因哈德 著

## 瓦拉夫里德的序言[①]

如所周知，下面关于最光荣的查理皇帝的行述，是由艾因哈德 1
撰写的。艾因哈德在当时所有的宫廷官员中间享有最高的声誉，
这不仅由于他的学识渊博，也由于他的品德超群；而且，由于他对
于所描述的全部事件，几乎都亲临其境，因之他的叙述在最严格的
准确性方面更为见长。

他出生于法兰克东部叫做莫因格维的地方，少年时代在富尔
达修道院内殉教者圣旁尼法斯的学校里受到最初的训练。他之所
以被修道院院长鲍古尔富斯从这里送到查理的宫廷，与其说是出
于门第优越，毋宁说是由于他的才智非凡，这种才智即使在当时就
已显示了他日后如此驰名的学识的光明前景。当时，查理比所有
的君王都远为殷切地搜罗博学之士，给予他们的待遇如此之优隆，2
以便他们得以从容舒适地探求哲理。因此之故，他在上帝的帮助
下，使得他那个在上帝付托他时尚是愚暗，甚或是全然蒙昧（如果
我可以使用这种词句的话）的国家，由于这种一向不为我们的野蛮

① 瓦拉夫里德·斯特拉博在842至849年间任法兰克某修道院院长。——英译者（其人与艾因哈德相识，为他写这篇序言。——译者）

状态所了解的崭新的学问而光辉四射。可是现在，人们的兴趣又一次地转向相反的方向，学识的光辉不那么为人们所爱惜，而在大多数人中间正在熄灭。

因此，这位藐小的人——因为他身材中等——由于他的知识和高尚品格而在热爱学识的查理的宫廷中获得如此之多的荣誉，以致那位最有力量、最为聪睿的国王陛下在他当时所有的大臣中间难得找到一个使他更乐于一同商量私事的人。的确，他配得上这种恩遇，因为，不仅在查理的时代，而且更为显著地在路易皇帝的统治下，[①]当法兰克人的国家由于多种多样的骚乱而动摇，并且在有些部分濒于毁灭的时候，他是如此令人惊异而又幸运地权宜行事，而且在上帝的庇祐下，能够这样地省察自身，因之他明智的盛名，虽有多人嫉妒和多人揶揄，却不曾非时地从他身上消失，也
3 不曾置他于不可挽救的危难之中。

我之所以谈到这些，为的是使所有的人可以阅读他的作品而不致有所怀疑，另外也可以了解，在他对他的伟大首领备致颂扬的同时，也为好奇的读者提供了丝毫不假的真情实况。

我，斯特拉博，插入了一些根据个人意见认为适当的标题和装饰，以便有人在需索某点的时候，可以更方便地找到他所需要的东西。

① 路易为查理之子，绰号虔诚者。在他继其父为皇帝期间（814—840年在位），帝国开始分裂。——译者

# 艾因哈德自序 4

当我已经决心要把我的那位已故的伟大而又堪称光荣的君王和恩主的生活、言谈以及大量行事记述下来的时候，我把这项工作压缩在最低的可能限度以内。我的目的是一方面把我所能获知的每件事情都写进去；另一方面也要避免把每件新事情写成长得使人厌倦，因而得罪那些爱挑剔的人。总之，我已经极力要使这本新书不致触犯那些就连学识丰富、雄辩滔滔的人士所写的古代著作都看不起的人。

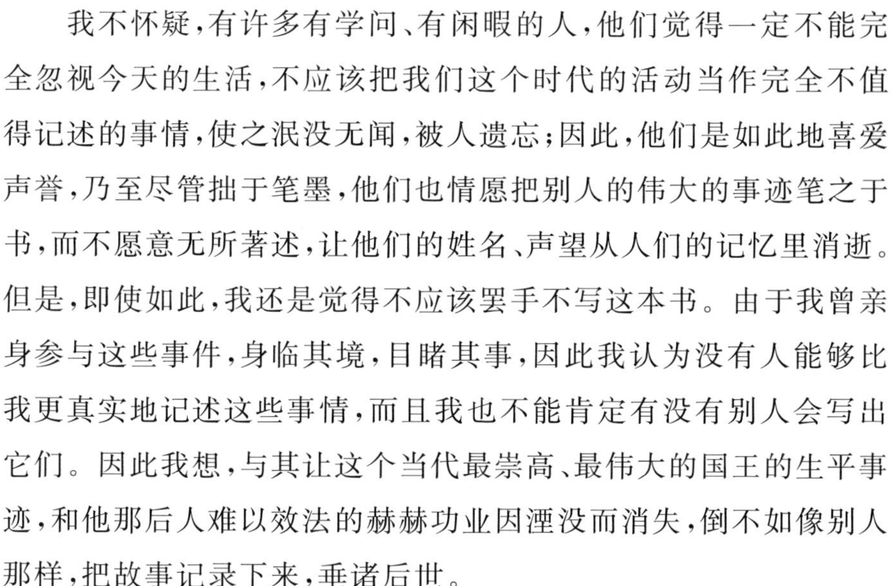

我不怀疑，有许多有学问、有闲暇的人，他们觉得一定不能完
全忽视今天的生活，不应该把我们这个时代的活动当作完全不值 5
得记述的事情，使之泯没无闻，被人遗忘；因此，他们是如此地喜爱声誉，乃至尽管拙于笔墨，他们也情愿把别人的伟大的事迹笔之于书，而不愿意无所著述，让他们的姓名、声望从人们的记忆里消逝。但是，即使如此，我还是觉得不应该罢手不写这本书。由于我曾亲身参与这些事件，身临其境，目睹其事，因此我认为没有人能够比我更真实地记述这些事情，而且我也不能肯定有没有别人会写出它们。因此我想，与其让这个当代最崇高、最伟大的国王的生平事迹，和他那后人难以效法的赫赫功业因湮没而消失，倒不如像别人那样，把故事记录下来，垂诸后世。

我还有另外一个理由——我想这并不是个愚蠢的理由，甚至

单凭这个理由就足以让我动笔，——那就是我所受到的养育之恩以及我跟国王本人和他的孩子们的友谊，这种友谊自从我在宫廷
6 里居住的时候起，一直没有间断。由于在这种情况下他使我同他如此投合，使我在他的生前和死后感戴不已，如果我把他所赐给我的一切恩惠忘掉，如果我使这样恩遇我的人的丰功伟绩湮没无闻，如果我容许让他的生平不见著录，不受颂扬，就像他没有存在过一样，——实际上他的生平不仅值得以我那拙劣贫乏而又渺乎其微的才能来记载，而且值得用西塞罗[1]的全部雄辩才华来记载——那么说我忘恩负义，在我是罪有应得的。

因此这里你得到了一本载录那位伟大而光荣的人物之生平的书。除去他的事业以外，不会再有什么可以使你惊奇或景慕的了；诚然，倘或有之，那就是，我是一个异族人，并不怎么通晓罗马语言，[2]而竟然妄想可以通畅无疵地运用拉丁文字，甚且狂妄自大到连西塞罗的名言都敢于轻视。西塞罗在《图斯库兰论文集》[3]第一卷里，在谈到拉丁作家的时候说过："如果一个人既不会很好地组织他的思想，也不会通顺地把思想写下来，又不能给读者提供任何乐趣，而竟把他的思想写在纸上，那么他就是在轻率地滥用他的闲
7 暇和他的纸张。"假如我不是被一种想法所鼓励的话，这位大演说家的话也许会使我搁笔不写。可是我觉得我应该甘冒世人之指



[1] 西塞罗（公元前 106—43 年）是罗马共和国晚期著名的政治活动家和作家，精于哲学、文学、修辞、法学等。他的拉丁文风在中世纪有很大的影响。——译者

[2] 艾因哈德对于拉丁文极为精通，这里只是谦词。——英译者

[3] 《图斯库兰论文集》是西塞罗的哲学著作，于公元前 46 年写于他的图斯库兰别墅。——译者

责，应该让我的拙劣的才能甘蹈写作之艰险，而不应该吝惜我的声名，使这位伟大人物的遗念被人忘掉。

# 传记的引言

8 一　据推算，法兰克人一向从中选举国王的墨洛温世系一直
延续到希尔德里克[①]国王的时候。根据罗马教皇斯蒂芬[②]的命令，
希尔德里克被废黜王位，举行了削发仪式，送到修道院里去。虽然
可以认为这个王室是以他告终的，但是它久已失去了一切权力，除
了国王的空洞称号以外，什么都没有了，因为国家的财富和权力都
9 入于宫廷长官——宫相[③]——之手，由他们操纵全权。国王是满
足于他的空洞称号的。他披着长发，垂着长须，惯于坐在宝座上
面，扮演着统治者的角色，他倾听来自任何地方的使节的陈词，在
他们离去的时候，向他们说一说别人教给他或者命令他回答的辞
句，好像是出于自己的意旨似的。这就是他所执行的唯一职务，因
为除了空洞的称号，除了宫相凭自己的高兴许给他的不可靠的生
活费以外，他自己只有一处收入很微薄的庄园，此外一无所有。他
在这块土地上拥有邸宅，从这块土地上征调为数寥寥无几的仆役



① 此处系指墨洛温王朝之希尔德里克三世。他在 751 年为矮子丕平所废，墨洛温王朝遂终。——英译者

② 艾因哈德此处有误。当时任教皇的是扎卡里亚斯(741—752 年在位)，而非斯蒂芬二世(752—757 年在位)。——英译者

③ 宫相起初是王宫的总管，管理宫廷庶务和服务人员。七世纪时，地位日高，军政大权均归其掌握。——译者

做必要的事务,替他装点威仪。无论到什么地方去,他都乘坐一辆车子,车子由两只牛拉着,一个牧人赶着,颇具乡村风味。他通常就是这样到王宫或民众大会[①]去的,也是这样回家的。民众大会每年举行一次,讨论国家大事。但是宫相管理着国家的政事和对内对外的一切事务。

**二** 希尔德里克被废黜的时候,查理国王的父亲丕平[②]正在担任宫相职务,这俨然是按世袭的权利,因为丕平的父亲查理[③](他曾经打倒了全法兰克境内的争权夺利的僭主,曾经在两次战役中——一次在普瓦提埃城附近的阿奎丹;一次在比拉河上,纳尔榜城附近——大败企图征服高卢的萨拉森人,迫使他们退回西班牙)曾经显赫地执掌过同一职务,这是他从其父丕平[④]那里继承过来 10
的。除了门第显赫、家资富有的人以外,人们是不轻易给予这种荣誉的。

这个职位由丕平的父亲和祖父传给丕平(查理国王的父亲)和他的兄弟卡洛曼。他和他的兄弟卡洛曼共同执掌了几年这个职务,非常和谐,名义上仍旧听命于上述的希尔德里克国王。可是后来他的兄弟卡洛曼不知为了什么缘故,也许是激于对忏悔祈祷生

① 民众大会是日耳曼人军事民主制度的机构。法兰克人的国家出现以后,民众大会的旧习仍然保存,每年举行一次,即所谓"三月校场",但已失去原来的政治意义。——译者

② 此处指矮子丕平,他于741—751年任宫相,751年废希尔德里克自立,是为加洛林王朝之始。——译者

③ 此处指查理·马特,他于715—741年任宫相。他以732年普瓦提埃之役战败阿拉伯人享名,从而获得"马特"(意为锤子)的称号。——译者

④ 此处指的是赫里斯塔尔的丕平,他于687年成为全法兰克的唯一的宫相(至714年)。——译者

活的喜爱，放弃了辛劳的世俗的王国的掌管，退居罗马，以求宁谧。
他在那里更易服装，进入索拉克特山上邻近圣西尔维斯特教堂的
一座修道院当了僧侣，和一些与他抱有同样目的、前来和他一起生
活的僧侣安享了几年他所期望的清静生活。但是由于许多法兰克
贵族为了履行誓言而巡礼罗马，对这位过去的主人又不肯过门不
入，因之经常的拜访扰乱了他殷切期望的宁静，于是他不得不更换
寓所。他鉴于拜访者的众多与他的志愿相违背，因而离开索拉克
11 特山，退居于萨姆尼乌姆省境内位于卡西诺山古堡遗址上的圣本
笃修道院。在这里，他把尘世的余生献给了宗教修行。

三　但是丕平借助于罗马教皇的力量由宫相成为国王以后，
就独自统治法兰克达十五年之久，甚至还要长些。[①] 他曾经对阿
奎丹的公爵魏法尔连续打过九年阿奎丹战役，战争结束以后因水
肿病死在巴黎，留下查理和卡洛曼两个儿子。由于天意，他们承继
了国家。法兰克人召开了一次庄严的民众大会，选举他们两人做
国王，附带条件是：他们应该平分全部国土，而查理应该专门管理
他的父亲丕平所掌握的地方；同时卡洛曼则得到他们的伯父卡洛
曼所曾经统治过的地方。他们接受这些条件，分别得到分给自己
的一份国土。[②] 两兄弟之间保持了和谐，虽然不无困难，因为卡洛
曼的许多党羽力图破坏他们的联盟，有的甚至希望他们进行战争。
12 但是事实的进程证明，对于查理的危险只不过是一种虚幻，并未见



① 丕平在位时间实际为十七年，由 751 至 768 年。——英译者

② 查理获得奥斯特拉西亚、纽斯特里亚的大部分，以及卢瓦尔和加龙两河之间的地方。卡洛曼获得勃艮第、普罗旺斯、阿尔萨斯、阿勒曼尼亚和阿奎丹的东南部分。——英译者

诸事实。因为在卡洛曼死后，他的妻子偕同她的儿子们和一些贵族首脑逃往意大利，而且毫无明显的道理，竟越过了她的夫兄，而把她自己和她的儿子置于伦巴德人的国王德西德里乌斯的保护之下。卡洛曼在和查理共同治理国家两年[①]以后，因病身死。查理在卡洛曼死后，经全体法兰克人同意，被拥戴为唯一的国王。

**四**　任何有关他的出生、[②]幼年时代，甚至少年时代的事，由我来谈都会是可笑的，因为我找不到任何有关这方面的记载，而可以自称对这些事情有亲身了解的人，也没有一个仍然活着。因此我决定不在不知道的问题上费时间，而直接去描述他的行为、习惯和生活的其他方面。我将先写他在国内和国外的业绩，然后写他的习惯和兴趣，最后写国家的行政管理和他的统治的结束，凡是需要或值得记载的事情，一概不予省略。

① 卡洛曼死于771年，故两弟兄的共治应为三年。——英译者

② 关于查理的生年，有742年、743年、744年、747年等几种说法。——英译者

13 # 第一部分　他在国内外的事业

**五**　在查理所从事的历次战争中，由他父亲所发动，但是他父亲并未将之结束的阿奎丹战争是他进行的头一仗，因为这场战争看来是易于获胜的。那时候他的兄弟还活着，查理请他协助。虽然他的兄弟没有能够按照诺言提供援助，查理还是以最大的精力进行他所从事的事业，在他所努力争取的目的完全达到以前，他怀着不屈不挠的毅力，既不间断，也不松懈。魏法尔死后，胡诺尔德[①]想占领阿奎丹，重新挑起几乎已经结束了的战争。查理迫使胡诺尔德放弃阿奎丹，撤退到加斯康尼。他甚至连加斯康尼也不许他停留。他渡过加龙河，派使臣到加斯康尼人的公爵卢普斯那里去，命令他把逃亡者交出来，并且威胁他立刻照办，否则就要开
14 战。卢普斯做得更明智，他不但交出了胡诺尔德，而且连他本人和他所管辖的省份也都归附于查理的统治之下。[②]

**六**　当阿奎丹纠纷解决，战争结束以后，当他在国内的共治者也撒手人世以后，他被罗马城主教哈德良的恳请和祈求所感动，进攻伦巴德人去了。[③] 他的父亲也曾应教皇斯蒂芬的请求，进行过

① 胡诺尔德为魏法尔之父，曾长期出家为修道僧，其子死后还俗，企图重振其阿奎丹之家业，与查理作战。——英译者

② 769 年。——译者

③ 773—774 年。——译者

这方面的战争。[①] 那时条件十分困难，因为有一些他经常咨询的法兰克首脑人物极力反对他的意图，他们竟至公然宣称要撇下国王转回家去。但是这一次查理同海斯图尔夫国王[②]作战，很快地就使战争结束了。因为，虽然查理抱着和他的父亲类似的，甚至是相同的理由去作战，他却以大不相同的精力把战争进行到底，并获得完全不同的战果。当年，丕平在把帕维亚围困了几天之后，就迫使海斯图尔夫国王交纳人质，归还从罗马人手里抢去的城镇和堡 15
垒，并且作出一项郑重的诺言：他不再企图取回他所交出来的一切东西。可是查理国王一旦开始作战，他就不曾罢手，直到经过长期围困，使得德西德里乌斯国王力量枯竭，向他投降；直到他那个众望所归的儿子阿达尔吉斯被迫不仅从本国，而且从意大利逃走；直到他使罗马人收回被劫夺的一切；直到他击溃了正图谋起事的弗里乌利公国长官赫鲁奥德高苏斯；最后，直到他把整个意大利置于自己的统治下，让他的儿子丕平[③]做了所征服领土的国王为止。如果不是因为我目前的写作乃是为了描写查理的生活情况，而不是编录他所进行的战争中的事件的话，那我一定会在这里描绘一下翻越阿尔卑斯山的困难，刻画一下法兰克人穿过那杳无人迹的山脊、高耸入云的岩石、崚嶒尖削的崖壁的巨大困境了。这场战争的总的结局是意大利的征服，德西德里乌斯国王的流放和终生放逐，他的儿子阿达尔吉斯的被逐出意大利，权力从伦巴德人国王的



① 丕平进攻伦巴德人凡两次，时为 754 和 756 年。——译者

② 海斯图尔夫已于 756 年死去，此时查理的对手是德西德里乌斯。——译者

③ 查理的次子，皇后希尔迪加尔德所生，于 810 年先查理而死。见本书第 18、19 节。——译者

16 手里被夺回，并交还罗马教会的主宰哈德良。

**七** 这场战争结束以后，沉寂一时的萨克森战争[①]重新爆发了。没有一次战争比萨克森战争更持久、更残酷，没有一次战争需要法兰克人付出更大的力量。因为萨克森人同住在日耳曼地方的大多数种族一样，生性凶暴，崇信鬼神，敌视我们的宗教，他们并不认为破坏和违犯上帝的法和人的法律是一种耻辱。另外也有一些原因可以随时引起骚乱。因为除了在少数地方有茂密森林和绵亘山脉阻隔，明确地划分了疆界以外，双方的领土差不多处处都在空旷的平原上毗连；每一边都经常发生杀害、抢劫、放火的事件。法兰克人被这些事情激怒了，他们竟至认为不能再满足于报复，而应该向他们公开宣战。

于是战争开始，一直延续了三十年，双方交战至为激烈，但是萨克森人的损失比法兰克人为重。假如不是萨克森人背信弃义，
17 战争或许结束得早一些。不知道有多少次他们承认自己失败，向查理国王恳求归降，不知道有多少次他们答应遵从他的命令，马上交出了应交的人质，接纳了派去的使臣。有时候他们是这样地畏怯和慑服，乃至答应放弃崇拜魔鬼，愿意信奉基督教。但是他们虽然有时候打算听从他的命令，却总是急于破坏诺言。因此没有法子知道他们究竟会这样做，还是会那样做，因为战争开始以来，他们几乎没有一年不是又作许诺又背约食言的。

但是国王高度的勇敢和坚定的意志不会为顺境和逆境动摇，

---

① 萨克森战争在查理所进行的全部战争中占首要地位。由于萨克森人坚决抵抗，使法兰克人耗费了极大的力量。战争旷日持久，延续三十余年（772 至 804 年）。——译者

不会被他们的反复无常制伏，不会使他迫于疲惫而中止他的事业。他从来不允许这类冒犯的人不受惩罚。他或者是亲自率领一支军队，或者是派遣伯爵率领，去惩戒他们的背信弃义，并加以适当的处罚。因此最后当所有曾经抵抗过的人都被打败，并且归他统治的时候，他把易北河两岸的一万居民，连同他们的妻子和儿女，分 18
成多批，移殖到日耳曼和高卢各处。这场延续这么多年的战争最后以萨克森人接受国王提出的条件而结束：他们应该放弃崇奉魔鬼，抛弃本族的宗教仪式，接受基督教的圣礼，同法兰克人融合为一个民族。

八　虽然这场战争延续了这么多年，他亲自同敌人交战不过两次——一次是在德特莫尔德地方的奥斯宁山附近；另一次是在哈萨河畔，[①]——这两次战役发生在同一个月内，其间只隔数天。敌人在这两场战役里被打得大败慑服，以致他们后来再也不敢向国王挑战，而且除非在有利地形的掩护下，也不敢抵抗他的攻击了。

在这次战争里，法兰克人和萨克森人双方都有许多出身高贵和职位显要的人阵亡，但是战争终于在第三十三年停止了。当时在世界各地所爆发的反对法兰克人的战争是这样频繁，这样严重，而国王又以这样的技巧来指挥作战，以致观察家有理由怀疑究竟 19
是他的不畏艰辛，还是他的鸿运更值得令人钦羡。意大利战争比萨克森战争早两年即行开始，虽然战事从未间断，但是他在世界任何地方的事业却没有因而中辍，而且无论在哪一次战争里，尽管条件艰苦，也从未订过停战协定。因为这位国王，这位在当时统治世

① 在奥斯纳布吕克附近。——英译者

界各国的诸王中最英明、最高尚的国王，从不因为所需要付出的辛劳而拒绝承担或从事任何事业，也从不因为害怕危险而退缩。他了解他所承担或完成的每一件工作的真实性质，因此，他从来不因为失利而受到挫折，也从来不因为侥幸走运而迷失方向。

**九**　在对萨克森人的战争经常地、几乎不间断地进行着的时候，他把卫戍部队布置在边境的适当地点，率领一支他所能召集的最庞大的远征军去进攻西班牙。[1] 他跨过比利牛斯山，接受了他所进攻的城镇和要塞的投降，领着军队平安无损地回来了。其间只有一次失利，这是在归途中，通过比利牛斯山隘口的时候，由于
20 加斯康人的反叛行为造成的。当军队为了适应地形和山隘的特点，排成长列，正在行进的时候，加斯康人却在山顶上布置了伏兵，这里左近一带森林广阔而茂密，非常适于设伏，于是他们直冲而下，进入下面的山谷，冲乱了辎重部队的最后部分，也冲乱了保护前面部队的后卫部队。在接踵而来的战斗中，加斯康人把他们的对手杀到最后一人，然后夺取了辎重。当时夜幕已降，在夜色的掩护下，他们以最快的速度向四面逃散了。在这次战斗里，加斯康人的轻便的武装和肇事地点的地势都有利于他们。在交战中，御膳官埃吉哈德、宫伯安塞尔姆、布列塔尼边防区[2]长官罗兰和其他许多人一起被杀死了。[3] 这次袭击未能立即受到惩罚，因为袭击结

---

① 778 年。——译者

② 布列塔尼边防区位于卢瓦尔河河口以北，西与布列塔尼接壤，系为防御布列塔尼人而设。——译者

③ 这就是有名的朗塞瓦尔峡谷之役（778 年）。在这次战役中战死的罗兰成为后来著名史诗《罗兰之歌》的主人公。——译者

束以后,敌人整个地遁迹了,他们所留下的,只不过是关于他们究竟在哪里的流言而已。

十　他还征服了住在法兰克极西端、大西洋沿岸的布列塔尼 21
人,布列塔尼人曾经表示不服,因此他派远征军去讨伐他们,迫使他们交纳人质,并且答应此后遵从他的命令。

后来,他亲自带兵进入意大利,①经过罗马,来到坎帕尼亚的城市卡普亚。他在卡普亚扎下营寨,并对本内文图姆②的居民进行威吓,如不投降,即诉诸战争。但是他们的公爵阿拉吉斯派他两个儿子鲁莫尔德和格里莫尔德携带巨款,去迎接国王,因而避免了战争。他请求国王把他的儿子当做人质收下,并且答应:除了他不能够亲自来到国王面前以外,他和他的人民将听从国王的一切命令。查理更多地为人民利益着想,而不大在意他们公爵的顽固不化,他接受了献给他的人质,并且格外施恩,同意免除个人朝见。他把小一点的孩子当做人质留下,把大一点的送还给他的父亲。然后他派遣使者去要求并且接受本内文图姆人和阿拉吉斯的效忠誓言,接着返回罗马。他在罗马用了几天工夫去参拜各处圣地,然后回到高卢。

十一　此后,巴伐利亚战争突然爆发,又很快地结束了。战争 22
是由于巴伐利亚公爵塔西洛的骄横和愚蠢引起的。③ 他的妻子以为她可以借丈夫之手,为她的父亲伦巴德人的国王德西德里乌斯

---

① 787年。——译者

② 本内文图姆是意大利半岛南部一个领土较大的公国,以前在名义上隶属伦巴德王国,归附查理后,成为查理帝国的附属国。——英译者

③ 塔西洛拒不服从查理,两国长期失和,至787年爆发战争。战争过程如原文所述,以塔西洛降服而迅速结束。查理对于塔西洛心存忌惮,于788年将他废黜,给他举行削发仪式,幽闭于修道院。——英译者

的放逐报仇。他在妻子的怂恿下，与巴伐利亚人的东邻匈奴人结成同盟，他不但拒绝服从查理国王，甚至还胆敢向他挑战。国王的神武不能容忍他这种狂傲无礼的态度，因此他立即广泛地召集军队，去讨伐巴伐利亚。他亲自带领一支大军，来到介乎巴伐利亚和日耳曼之间的莱希河边。他在岸上扎下营寨，并且决定在他进入巴伐利亚以前，先试探一下公爵的意向。但是塔西洛公爵看到倔强固执对于自己、对于人民都无好处，就把自己献给国王，听凭处置了。他交纳了国王所要求的人质，其中包括他的儿子提奥多，他还进一步宣誓保证：无论是谁再也不能说服他改变对国王的忠诚。一场看来可能发展成为大战的战争就这样最快地结束了。但是后
23 来国王把塔西洛召到御前，不允许回去。他所管辖的那个省份后来没有交给公爵，而是交由伯爵治理。[①]



**十二**　这些骚乱平息以后，他去对斯拉夫人作战。[②] 我们习惯上把斯拉夫人叫做维尔齐人，但是他们的适当的名称，即他们对自己的称呼，是维拉塔比人。这一次萨克森人和国王麾下的其他同盟部族共同作战，虽然他们的忠诚是装出来的，远非发自内心。战争的原因是维尔齐人经常侵略，进攻法兰克人从前的同盟者阿博德里提人，拒绝服从国王要他们停止侵略的命令。有一条海峡[③]从西方的海洋向东伸展，它的长度不得而知，但是它的宽度没

---

① 查理国家的基本行政单位是伯爵辖区，其长官即是伯爵，代表国王管理本辖区的军事、行政、司法、税收等事宜。查理往往以之代替被征服的公爵，治理其领地。——译者

② 这里所指的是居住在易北河东岸的西斯拉夫人。维尔齐人亦名柳蒂奇人，是西斯拉夫人的一支，住在阿博德里提人之南。——译者

③ 指整个波罗的海。——译者

有一处地方超过一百里,并且往往要窄得多。许多部族居住在这片海洋的岸上。我们称之为北欧人的丹麦人和瑞典人占据北岸和海内诸岛。斯拉夫人、艾斯提人和其他各部族住在东岸,其中主要的是当时国王与之作战的维拉塔比人。只在一次他所亲自指挥的战役里,他就击溃并征服了他们,以致他们觉得如果再不听从他的命令,那就未免太不明智了。

**十三** 除去萨克森战争以外,规模最大的要算他在紧接这次 24
战争之后对匈奴人和阿瓦尔人所进行的战争了。[①] 跟其他战争比起来,在进行这次战争时他费了更多的精力,做了多得多的军事准备。虽然如此,他却只亲自指挥了对潘诺尼亚的远征,那是当时阿瓦尔人盘踞着的省份;其余的战事他都交由他的儿子丕平、各省长官,有时候是伯爵和副手去负责。他们以最大的力量作战,一直打了八年,才使战事结束。[②] 交了几次锋,流了多少血,还可以从今天潘诺尼亚的一片荒凉和渺无人迹的情况看出来,而当日可汗宫殿所在之地,今日竟残破到连一丝居住的痕迹也没有了。所有的匈奴贵族都在战争里被杀了,他们的荣誉全部消逝了,他们长时期积累起来的金钱和财宝被掳掠了。人们想不起来法兰克人所卷入的战争中有哪一次使得他们发了这样一笔大财,增加了这么多的财富。截至当时为止,法兰克人一向被认为差不多是个穷的部族,但是现在,在王宫里可以看到这样多的金银,在战争里他们掳到这样珍贵的战利品,以致可以很公道地认为:法兰克人正义地夺来了



① 阿瓦尔人是柔然人迁往欧洲的一支,六世纪中叶在多瑙河中游建立汗国。阿瓦尔与巴伐利亚为盟国,查理既征服巴伐利亚,遂与阿瓦尔汗国发生战争。——译者

② 788 至 796 年。——译者

25 匈奴人不义地从其他部族抢走的东西。在这次战争里，法兰克贵族只有两人阵亡。弗里乌利公爵埃里克中了塔尔萨提卡[①]（利布尔尼亚的沿海市镇）居民的埋伏。巴伐利亚的长官格罗尔德在指挥他的军队同潘诺尼亚的匈奴人作战的时候，乘马顺着队伍行列前进，喊着兵士们的名字来激励士气，这时他和两个侍从人员一起，不知被什么人给杀死了。除此而外，整个战争，就法兰克人方面而言，几乎不曾流血，尽管这样艰巨而持久，但结果却是最幸运的。

**十四**　在此以后，萨克森战争以和解告终。安定的局面维持很久，就像斗争一样持久。继之而来的对波希米亚和卢内堡的战争历时很短；在小查理[②]的指挥下，这两次战争迅速结束了。

查理最后进行的战争是对北欧人的战争。[③] 他们被称作丹麦人，他们初来是海盗，后来他们以更大的海上力量骚扰高卢和日耳曼的海岸。他们的国王戈多夫里德狂妄自大地相信自己能成为全
26 日耳曼的主人。他把弗里西亚和萨克森看成自己的省份。他已经使他的邻居阿博德里提人顺从了他，强迫他们向他交纳贡赋。现在他扬言说他不久就要带领一支强大的军队到国王宫廷的所在地阿亨[④]来了。他的吹嘘虽然毫无根据，却还有一些人相信，有人以



① 即今阜姆。——译者

② 查理的长子，皇后希尔迪加尔德所生，于 811 年先查理而死。见本书第 18、19 节。——译者

③ 北欧人，包括丹麦人、瑞典人和挪威人，九世纪时从事海盗式的侵袭，对西欧为害极烈。此处所记是九世纪初之事，他们的侵袭活动刚开始。——译者

④ 阿亨原书作 Aix，即 Aix-la-Chapelle，德语作 Achen，现从习惯译作阿亨。——译者

为，如果不是他猝然死亡阻挠了他的话，他一定会这样地试一试的。他是被一个部下杀死的，这样，他的生命和他所发动的战争都结束了。

**十五** 这些就是这位强有力的国王在他统治的四十七年间，①在世界的各个地方，以最高的技巧和最大的成效所进行的战争。他从他的父亲丕平手里继承法兰克王国的时候，这个国家已是十分强大。但是通过这些战争，他使得国家的版图几乎扩充了一倍。因为在他以前，法兰克王国的统治只限于高卢的一部分，即莱茵河、卢瓦尔河、巴利阿里克海②所环绕的地区；以及所谓东部法兰克人居住的那部分日耳曼，即为萨克森、多瑙河、莱茵河和流
经图林根人与索拉布人之间的萨尔河所围绕的地方；另外还及于 27
阿勒曼尼人和巴伐利亚人的住地。但是查理通过上述各次战争，征服并君临了下列各国：首先是阿奎丹和加斯康尼、整个比利牛斯山脉、直至埃布罗河为止的西班牙领土，埃布罗河发源于纳瓦尔，流经西班牙的最肥沃的地区，在托尔托萨的城墙脚下注入巴利阿里克海；其次是从奥古斯塔·普里托里亚直至下卡拉布里亚的整个意大利，这一带是希腊人和本内文图姆人所居地区的边界，长度达一千里以上；再其次是萨克森，这块地方占日耳曼相当大的一部分，据推算，它的宽度等于法兰克人所居住的日耳曼地区的一倍，长度大约与后者相等；再其次是在多瑙河一边的潘诺尼亚和达西亚二省，还有希斯特里亚、利布尔尼亚和达尔马提亚，只有沿海的

① 768至814年。——译者
② 即西部地中海。——译者

城市除外，这是由于他同君士坦丁堡的皇帝友好，并且根据他们之间所订立的条约，而把这些城市留给后者的；最后是莱茵河、维斯杜拉河、大西洋、多瑙河之间的各野蛮部族，他们的语言大致相同，但是性格和服装各异；其中主要有维拉塔比人、索拉布人、阿博德里提人和波希米亚人，他曾经对这些人打过仗，但是数目比这多得
28 多的其他部族却都不战而降。

**十六**　他同某些国王和部族建立的友谊也给他的统治增添了光彩。

加利西亚和阿斯图里卡[①]的国王阿尔德丰苏斯同查理的友好关系这样密切，以致每当他派人送信给查理，或者派遣使节到查理那里去的时候，他总指示他们要把他本人称作法兰克国王的“人臣”。

由于他馈赠珍贵礼品，使苏格兰人的国王们对他产生这样的好感，以致他们总把他叫做他们的君主，而自称是他的顺从的仆人。他们写给查理的信件现在还保存着，信里明显地流露了这种感情。

波斯人的国王诃论[②]当时统治着除印度以外的一切东方土地，查理同他建立了和谐的友好关系。这个波斯国王对他的友情比对世界上其他任何国王和王公的友谊都更加珍视，认为只有这份友谊才配得上用馈赠和尊号加以发展。因此，当查理派遣的带

① 当时伊比利亚半岛西北部的小国。——译者

② 诃论全名是哈伦－阿尔－拉施德，是阿拉伯帝国阿拔斯朝著名的哈里发，786—809年在位，当时阿拉伯帝国极为强盛。诃论的名字也见于《旧唐书·西域传》。——译者

着祭献物品到救世主的圣墓和他的复活地点去的使臣来到波斯国王那里,并且表达他们国王的友好情意的时候,他不但对他们有求必应,还允许把这块圣地算作法兰克国王的领地的一部分。他还 29
派自己的使臣跟查理的使臣一同回去,送给查理大量礼物——袍服、香料和其他贵重的东方物产。不多几年以前,他曾经根据查理的请求,把自己仅有的一只象送给了他。[①]

君士坦丁堡的皇帝尼基法拉斯、迈克尔和利奥[②]也提议要同他建立友好同盟关系,派去许多使臣。最初他们对查理颇为猜疑,因为他已经接受了皇帝的称号,似乎有意夺取他们的帝国;但是最后他们之间缔结了明确的条约,[③]因而避免了从任何一方面产生争端的原因。由于罗马人和希腊人对法兰克的强盛总是有所疑虑,因之就产生了一句著名的希腊谚语:“法兰克人是好朋友,但是是坏邻居。”

**十七** 尽管他在扩充国家的疆域、征服其他部族方面取得这样的成就,他却还着手兴建了许多工程,用来装饰国家,便利公众,而且有几样已经完工了。在阿亨的奉献给上帝的圣母马利亚的大 30
教堂、美因茨附近莱茵河上长度达五百尺的大桥,可以公正地被认为是他的主要的工程。但是在他死前一年,那座桥梁被烧毁了。虽然他已经决定用石头代替木头重修这座桥梁,但是桥梁并没有修复,因为接着不久他就去世了。他还开始建造华丽精致的宫殿。

① 此象之来,在欧洲轰动一时,许多编年史对之均有记载。——英译者

② 尼基法拉斯一世在位时间为802—811年;迈克尔一世(兰加布)为811—813年;利奥五世为813—820年。——译者

③ 双方于810年开始谈判,至812年缔结条约。——译者

其中一座距美因茨不远，在英格尔海姆市镇附近；另一座在沿巴塔维亚岛南岸流过的瓦尔河上的尼梅根。他向管理神圣建筑物的主教和教士们发出特别命令，国内任何一所神圣建筑物如因年久而颓坏时，必须修复，他还命令他的官员视察他的命令是否付诸执行。

为了对北欧人作战，他还建立了一支舰队。为了这个目的，在
从高卢和日耳曼流入北方大洋的诸河流附近建造船只。由于北欧
人经常进行侵袭，破坏高卢和日耳曼沿海地带，他在一切港口、一
切可以通航的河流的河口设置堡垒，驻扎卫戍部队，防止敌人的侵
31 入。在南方，在纳尔榜海岸和塞普提曼尼亚海岸，以及直至罗马城
为止的意大利海岸，他也采取了同样的措施，来阻截不久以前开始
从事海盗生涯的摩尔人[①]。由于这些预防措施，在查理在位期间，
意大利一直没有从摩尔人那里受到严重的危害，高卢和日耳曼也
没有从北欧人那里受到严重的危害；只有埃特鲁里亚的一个城市
森图姆塞利遭到出卖，陷入摩尔人之手，受到抢劫；另外，在弗里西
亚，一些邻近日耳曼的岛屿受到北欧人的侵掠。



① 指阿拉伯人征服北非后与当地柏柏尔人混合的部族。——译者

# 第二部分　私生活和性格 32

**十八**　我已经叙述了查理如何保卫并扩张他的王国，也叙述了他替国家增添了何等的光彩。现在将继续谈谈他的天赋智慧，他那种不论在顺境和逆境时的坚定意志，以及有关他的私人生活和家庭生活。

他的父亲死后，在他和他兄弟共理国事期间，他一直这样宽容
地忍受着兄弟的寻衅和干扰，以致从来不曾被他激怒过。后来他
奉母命同伦巴德人的国王德西德里乌斯的女儿结婚，过了一年，不
知道为什么缘故，又离婚了。他同出身于士瓦本族的希尔迪加尔
德结婚，她是一个最高贵的女子，为他生了三个儿子——查理、丕
平和路易，还有三个女儿——赫罗特鲁德、贝尔塔、吉斯拉。[1] 他 33
另外还有三个女儿——提奥德拉达、希尔特鲁德和赫鲁奥德海德。
其中两个为他的妻子法斯特拉达所生，法斯特拉达是东法兰克人，
亦即日耳曼人；第三个是一个妾生的，这个妾的名字我已经忘记
了。法斯特拉达死后，他又娶阿勒曼尼族的柳特加尔德为妻，她没
有替他生下孩子。柳特加尔德死后，他有四个妾，名字是：马德尔
加尔达，她生了一个女儿，名叫鲁奥提尔德；格尔苏因达，她出身于

① 除此以外，希尔迪加尔德还为查理生了三个子女，名字是：洛塔尔、阿德莱斯和希尔迪加尔德。——英译者

萨克森族，生了一个女儿，名叫阿多尔特鲁德；雷吉纳，她生了德罗戈和雨果；还有阿达林达，她是提奥德里克的母亲。

他的母亲贝尔特拉达一直与他同住到老年，非常荣耀，他对她尊敬备至，因而他们之间从未发生任何争执；只有一次例外，那是由于离弃德西德里乌斯国王的女儿所引起的，德西德里乌斯的女儿是他奉母命娶来的。贝尔特拉达死在希尔迪加尔德之后，她在儿子的家里见到了三个孙子和三个孙女。查理把母亲安葬在他父亲埋骨的圣德尼大教堂里，备极哀荣。

34 他只有一个姊妹，名字是吉斯拉，从孩童时代起，她就专心过着宗教生活。他对她也像对母亲一样地敬爱。查理死前几年，她死于她在其中度过一生的修道院里。

**十九** 在教育孩子方面，他决定让他的儿女们全都学习他本人非常重视的文艺诸科。此外，一到他那些儿子的年龄适合的时候，他就让他们学习像真正的法兰克人那样骑马，并且训练他们使用武器和打猎。他命女儿学习毛纺技术，用心操运梭子和线杆，以免闲散怠惰，使她们养成高贵的品质。

他在逝世以前，已经丧失了两个儿子和一个女儿：长子查理，曾被立为意大利国王的丕平和曾经同希腊人的皇帝君士坦丁订过婚的长女赫罗特鲁德。[①] 丕平留下一个儿子，名字是伯纳德，还有五个女儿，名字是阿达尔海德、阿图拉、贡德拉达、贝尔泰德和提奥德拉达。在对待他们的态度上，查理最有力地证明了他的家庭感情，因为他的儿子一死，他就指定孙子伯纳德继承其父，并把孙女

① 这项婚约订于 781 年，后以政治和宗教原因解除。——英译者

收来同自己的女儿一起抚养。

他对于两个儿子和女儿的死亡,感到不那么经受得住,这出乎
了人们根据他平素的坚硬心肠而作出的意料,因为他的家庭感情与 35
他的勇敢同样都是突出的特点,这种家庭感情迫使他流出眼泪。此
外,当罗马教皇哈德良——他把他当做最知己的朋友——的噩耗传
来的时候,他为他哭得就像是丧失了一个兄弟或是一个爱子似的。
由于他在友情方面具有一种高尚的品格,他很容易接受友谊,并且
忠实地保持它,他对一切列在朋友范围以内的人,都尊重到极点。

他对抚养子女这样在意,以致他在家的时候,从来不曾不同他
们一起吃饭,他出游的时候,从来不曾不带他们同去。他的儿子同
他一起骑马,女儿跟在后面。有些专门挑选出来的侍卫在他女儿
所在的行列殿后从事防护。她们都很美丽,很受父亲钟爱,可是,
他不肯把她们嫁出去,既不许配给本族人,也不许配给外国人,因
之,人们不免感到诧异。但是直到他死,他一直把她们都留在家
里,他说他不能够离开她们。因此,在其他一切方面伴随着他的鸿
运,在这方面却被丑闻秽事和品德有亏的瑕疵给破坏了。然而,他 36
对一切事情都视若无睹,自行其是,好像他不曾碰到过任何有关他
的错事的猜疑一般,或者也像这种流言蜚语一向无人相信似的。

**二十** 他有一个庶子,名字叫丕平——我故意没有把他与其他儿子相提并论,——这人确实漂亮,但是残废了。对匈奴人的战争开始后,当查理正在巴伐利亚过冬的时候,这个丕平假装生病,他和一些法兰克人的首领策划了一个反对父亲的阴谋。[①] 这些法

① 785至786年。——英译者

兰克首领曾经对他加以利诱，空口把王国应许给他。当计划被查获，阴谋者被惩办以后，丕平被剪去了头发，送进普鲁米亚[①]的修道院，去过宗教生活。最后他也发自内心地甘于这种生活了。

早些时候，在日耳曼另有一起反对他的危险的阴谋。有些阴谋者被刺瞎了眼睛，有些被砍断了肢体，最后，全部都被流放出去。只有三个阴谋者丧了命，他们拔剑拒捕，并且在自卫时杀死了几个对手。因此，既然没有任何其他办法可以使他们就缚，只好把他们杀死了。

37 人们相信，王后法斯特拉达的残暴是这些阴谋案件的原因和根源。据信，两次阴谋案件之所以发生，都是由于他在残暴的妻子的教唆下，已经与其天生的善良和一贯的仁慈背道而驰了。此外，终其一生，他获得了国内外一切人士这样多的敬爱和拥戴，因之从来不曾有人对他提出关于严刻不公的最轻微的责难。



**二十一**　他非常喜好外国的来客并且花费很大的力量招待他们，外宾数目之多，可以公正地看做不仅是宫廷的负担，而且成为整个国家的负担了。但是，出于一贯的高尚精神，他不大注意这种费用。因为在他看来，与上述行为俱来的慷慨的令名盛誉，对于哪怕是严重的不利都足以补偿。

**二十二**　他的躯体高大而强壮，身材颀长，但是并不粗笨，他的身长是脚长的七倍，头顶呈圆形，眼睛很大，目光敏锐。他的鼻子比一般的大些，头发美丽而呈白色，神态活泼愉快；因此无论或坐或立，面容总是庄严而感人。虽然他的颈部有些粗短，身材有些

① 在摩泽尔河流域。——译者

肥胖,但是由于身体的其余部分很匀称,这点并不显著。他的脚步
稳重,全身的姿态很雄伟;他的声音清晰,但是简直并不像你所预 38
料的那样洪大。他很健康,但是他在去世以前的四年间,经常发烧,最后一只脚也跛了。即使到了那个时候,他也往往自行其是而不肯听从医生的话,他几乎是憎恨医生,因为他们劝他放弃吃惯了的烤肉,而改吃煮肉。他经常操练骑术和打猎,这是一种民族习惯,因为在这点上,世界上简直没有任何种族可以同法兰克人相媲美。他很喜欢天然温泉的水汽,经常练习游泳,他游得很熟练,没有人可以很公平地被认为比他高明。一部分就是由于这个原因,他把他的宫殿修在阿亨,最后几年一直住在那里,直到逝世。他不但常常邀请他的儿子去温泉沐浴,而且常常邀请他的贵族和朋友,有时候甚至还邀请许多侍从和护卫人员前去。

**二十三**　他穿着本族的,也就是法兰克人的服装。他的衬衣、衬裤是用麻布制的,外面罩着一件镶丝边的外套,脚穿长袜,腿上
横缠着袜带,两只脚套在鞋子里。冬天,他用水獭皮和貂皮做的短 39
上衣来保护臂膀和胸部。他穿着蓝色的外衣,经常佩带着一支剑,剑柄和剑带是金的或银的。偶尔也使用一把镶宝石的剑,但这只是在重大节庆或接见外国使臣的时候。外国服装虽然美观,但是他不喜欢,除了有一次在罗马由于哈德良教皇的请求,另一次由于哈德良的继任者利奥教皇[①]的请求,他穿上长外套、外衣、罗马式的鞋子以外,他从来不肯穿着它们。每逢节日,他穿起织金的袍服、缀有宝石的靴子,外衣系上金束带,还戴着分外耀目的黄金和

---

① 指利奥三世,在位于795—816年。——译者

宝石的王冕，在队伍里走着。但是在其他日子里，他的服装与普通人的没有什么区别。

**二十四** 他在饮食方面节制有度，对饮酒尤其如此，因为他对任何人的，特别是自己和朋友们的酩酊醉态抱有强烈的憎恶。他对禁食是不容易做到的，常常抱怨说斋戒有害于他的健康。除了在重要的节日以外，他难得举行盛大的宴会，但是每到那个时候他就邀请许多客人。他平日只吃四道菜，但是猎人们常常带来的放
40 在烤叉上的烤肉则不包括在内，他吃起烤肉来比吃别的东西更为餍足。用餐之际，或有歌唱，或有朗读，供他听赏。朗诵者把历史和古代人物的伟大业绩读给他听。他对圣奥古斯丁①的著作深为喜爱，特别是对题名为《上帝之城》②的那部。他喝酒和任何饮料都这样有节制，以致在吃饭的时候，他难得喝到三次以上。

夏天午饭之后，他吃一些水果，喝一口饮料，然后，正像他晚上做惯的那样，脱下衣服、靴子，休息两三小时。晚间，他睡眠如此之不安稳，竟至一夜之间醒来或起床四五次之多。

当他正在穿靴子和衣服的时候，他不仅会见朋友，而且，如果宫伯前来报告发生了什么非他作出决断就无法解决的争端时，他就会让人把当事人立刻带进来，对于案件进行审问和宣判，犹如他坐在法庭上一般。另外，与此同时，他往往也处理当日必办的任何事务，或者向臣仆们发布命令。

---

① 圣奥古斯丁(354—430年)是非洲希波主教。他是著名的教会作家，在作品中极力宣扬基督教教义，号召镇压异教。——译者

② 《上帝之城》是奥古斯丁的主要著作，用十三年时间写成(413—426年)，共二十二卷。——译者

**二十五**　他说话流利而敏捷,能够最清晰地表达他的意旨。41
他并不仅仅满足于本族语言,而且还不辞辛苦地去学习外族语言。他的拉丁语学得这样好,说起来就像是说本族话一样;但是他对希腊文的口语表达却不如理解能力为高。他的谈吐这样流利,甚至有时候都显得有些饶舌。

他对于文艺诸科极其注重,对教授各科的人极为尊敬,给予他们很高的荣誉。他从比萨的副主祭彼得[①](他是一位老人)那里学习文法科目;其余的科目则由阿尔比努斯,即阿尔昆[②]讲授,阿尔昆也是一位副主祭,他来自不列颠,属撒克逊族,是当时最有学问的人。查理花费很多的时间和精力从阿尔昆那里学习修辞学、辩论术,特别是天文学。他也学习计算术,并且极其勤勉地细心观察星辰的运转。他还努力学习书写,为了这个目的,他常常把用来写字的薄板和纸张带在身边,放在卧榻的枕头下面,以便在空闲的时刻使自己习惯于写字。但是他对这项陌生的工作开始得太晚了,因之几乎没有什么进展。[③]

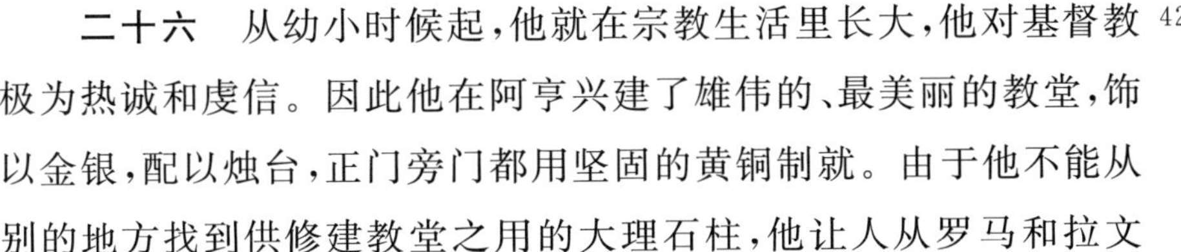

**二十六**　从幼小时候起,他就在宗教生活里长大,他对基督教 42
极为热诚和虔信。因此他在阿亨兴建了雄伟的、最美丽的教堂,饰以金银,配以烛台,正门旁门都用坚固的黄铜制就。由于他不能从别的地方找到供修建教堂之用的大理石柱,他让人从罗马和拉文

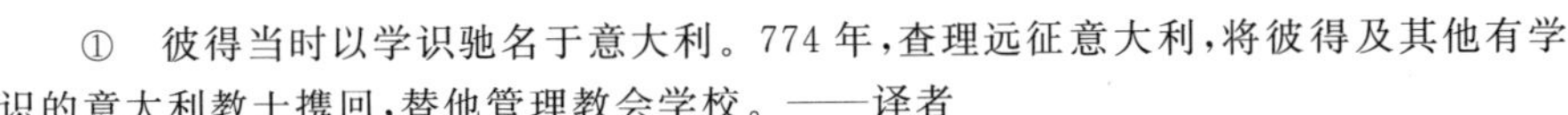

① 彼得当时以学识驰名于意大利。774年,查理远征意大利,将彼得及其他有学识的意大利教士携回,替他管理教会学校。——译者

② 阿尔昆(约732至804年)是不列颠的著名学者,于782年应聘来到查理宫廷,对于帝国的教育事业多所擘画。艾因哈德同他相友善。——译者

③ 原文意思含混,究竟查理能否书写,后来的注释者,众说纷纭,莫衷一是。——英译者

纳运来。只要他健康状况许可，在清晨、傍晚、夜间和献祭的时候，他到教堂去一直是很勤的。他怀着最大的关切使教会的一切仪式都以最庄严的方式来完成，他经常警告教堂的看守人，不得允许任何不适宜或不洁净的东西进入教堂或留在教堂之内。他准备了这样多的金银器皿和这样大量的教士法衣，以致在举行宗教仪式的时候，就连属于教阶最低层的司阍也不用穿着他们平日的服装来执行职务了。他细心地改正朗读和歌唱的方式；因为他对二者都受过严格的指导，虽然他自己从来不公开朗诵，而且除了与其余的会众低声合唱之外，也从来不唱歌。

**二十七**　他极热心于救苦济贫，发放希腊人称之为布施的
43 救济金或救济物。因为他不仅在本乡本土加以关注，而且常常越海向叙利亚、埃及、阿非利加——耶路撒冷、亚历山大和迦太基——运送财物，怜恤任何贫困的基督徒，只要他们在当地的悲惨状况传到他的耳边。主要是由于这个缘故，他才与海外的国王建立友谊，希望借此为生活在他们统治下的基督徒赢得一些帮助和救济。

他爱罗马的圣使徒彼得的教堂超过一切神圣和可敬的地方，他向这所教堂的库藏输送了大量的金银、宝石等财物。他送给教皇无数的礼物。他在整个统治期间，竭尽全力（的确再也没有一个目标比这件事使他更为在意）使罗马城恢复旧日的威信，他不仅保卫圣彼得教堂，而且还自己出资装饰它，使它比一切其他教堂更为堂皇富丽。虽然他这样重视罗马，但是在他统治的四十七年间，他只有四次到罗马去履行誓言和奉献祷词。

**二十八**　但是他最后一次到罗马去的目的却不仅限于此；因为

罗马人残酷地迫害了利奥教皇,[①]把他的眼睛挖出,把他的舌头割 44
掉,逼得他向国王寻求保护。因此国王去到罗马,以便使惨遭破坏的教会秩序得到恢复。他整个冬天都住在那里。就在那个时候,他接受了皇帝和奥古斯都的称号。[②] 他最初非常不喜欢这种称号,他肯定地说,假如他当初能够预见到教皇的意图,他那天是不会进教堂的,尽管那天是教堂的重要节日。但是在他接受了尊号以后,却能平心静气地容忍着由此引起的敌视和罗马皇帝的愤怒。他以他的豁达大度克服了他们的敌意,[③]论起胸襟开阔来,他无疑地是远远超过他们的,他常常派使臣到他们那里去,称他们为他的弟兄。

**二十九** 在接受皇帝称号以后,他注意到他的臣民的法律体系存在着很多缺点,因为法兰克人有两套法律体系,[④]在许多方面,二者差别甚多,因此他决定增补所缺少的部分,调和二者的歧异,并订正内容或文字方面的错误。他的全部计划远未完成,他只是增添了一些律令,并补足一些不完备之处。但是他发布命令:凡
属他领域之内的一切部族的法律和规章之尚未成文者,应当收集 45
起来,并且写成文字。

他还写下了那些歌颂国王们的事迹和他们的征战的古代粗鄙的歌谣,并把它们铭记于心。[⑤] 他还着手编写本族语言的文法。

---

① 公元799年,罗马贵族起事,驱逐教皇利奥三世。——译者

② 公元800年12月25日,利奥三世在罗马圣彼得教堂为查理加冕。——译者

③ 指东罗马皇帝。——译者

④ 萨利克法兰克人和里普阿尔法兰克人各有自己的习惯法,本文指此而言。——译者

⑤ 古日耳曼歌谣,当时已汇集成编,后因虔诚者路易摒弃,遂告散佚。——英译者

他用自己的语言为各个月份命名，因为在他以前，法兰克人部分地用拉丁名称，部分地用不规范的名称来称呼各个月份。他还给十二种风取了名字，而在此之前，已有名字的不过四种，也许还没有这样多。关于月份，他称 1 月为冬月，2 月为泥月，3 月为春月，4 月为复活节月，5 月为快乐月，6 月为耕作月，7 月为割草月，8 月为收获月，9 月为风月，10 月为葡萄收获月，11 月为秋月，12 月为圣月。以下是他给风取的名字：——称苏布索拉努斯（东）为东风；[①]尤鲁斯（东偏南）为东南风；尤罗奥斯特尔（南偏东）为南东风；奥斯特尔（南）为南风；奥斯特罗-阿夫里克（南偏西）为南西风；阿夫里克（西偏南）为西南风；塞菲尔（西）为西风；
46 科鲁斯（西偏北）为西北风；西尔西乌斯（北偏西）为北西风；塞普腾特里翁（北）为北风；阿基隆（北偏东）为北东风，伏尔图尔努斯（东偏北）为东北风。

**三十** 在他生命的末期，当他已经感到老病侵寻的时候，他把自己的当阿奎丹国王的儿子路易，即希尔迪加尔德所生而仅存的儿子召来，然后庄严地召集全国的法兰克贵族，取得大家同意，让路易与他共同治理国家，并且继承皇帝称号。然后他把皇冠加在他的头上，并让大家称他为皇帝和奥古斯都，向他朝贺。他的这个决定为所有在场的人极其兴高采烈地所拥护，因为在他们看来，这是关乎国家昌盛的一种神意的感召。由于这项措施，他在国内的尊严更形提高了，在国外的声名更令人畏惧了。



① 苏布索拉努斯是原拉丁名 Subsolanus 的音译，括弧内是拉丁文的本意，东风是查理所命之名 Ostroniwint 的意译，以下各种风名的处理均类此。——译者

以后他把儿子遣回阿奎丹。他自己虽然已经年迈体弱,由于
积习,却仍到距阿亨宫殿不远的地方打猎。他打猎直到秋尽,大约
在 11 月初才回到阿亨。在阿亨过冬的时候,他为严重的热病所侵
袭,卧倒病榻。后来,按照他的习惯,他决定实行禁食,希冀通过这
种自我锻炼,或者可以痊愈,或者可以减轻病势。但是由于肋部发 47
生了希腊人称之为肋膜炎的病症,使得病情复杂化了。由于他继
续坚持禁食,只有很少几次喝点东西来维持他的体力,在卧病七天
以后,他接受了圣餐,在 2 月朔日前五天天亮后的第三时死去。享
年七十二岁,在位四十七年。

**三十一**　他的遗体被洗拭干净,并按照通常的礼节加以处理之后,在全体人民的万分悲恸之中,被送到教堂去安葬。起初大家有些犹豫,不知道他应当安葬在哪里,因为他在生前没有给予指示。但是最后大家一致认为,葬在什么地方也比不上把他葬在本城的大教堂里更为光荣了。这座教堂是他为了对我们的救世主耶稣基督表示敬爱,为了对主的圣洁的永世处女圣母表示尊崇,自己出资兴建起来的。就在去世的当天,他安葬在这里。坟上树立了一座镀金的拱门,上面有他的雕像和铭文。铭文如下:

“在这座坟墓之下,安息着伟大的信奉正统宗教的皇帝查理, 48
他崇高地扩大了法兰克人的国家,隆盛地统治了四十七年。他逝
世时年逾七十,时值我们主的第八百十四年,即小纪[①]之第七年,2
月朔日的前五天。”

---

① 小纪是中世纪常用的一种纪年单位(周期为十五年),更多地用于宗教事务方面。计算方法以公元 312 年 9 月为开始,每十五年作为一个小纪,除余之数即是现行小纪之某年。以故文中之 814 年即第三十四小纪之第七年。——译者

三十二　许多怪异的现象预示着他的末日临近，他和别人都
了解这种警告的意义。他在世的最后三年经常发生月蚀和日蚀，
连续七天之内，太阳上出现了黑斑。他在皇宫和教堂之间所修建
的庞大而坚固的走廊在基督升天节那天突然倒塌，甚至一直塌到
房基。另外在美因茨附近横跨莱茵河的那座木桥，是他花了十年
力量，以奇巧的技术修建成的，看来好像它会永久存在下去，但是
它出人意外地着起火来，三个小时之内，烧得除了泡在水里面的那
部分以外，连一片木板也没有剩下。还有，当他最后一次在萨克森
进行远征，迎击丹麦人的国王戈多夫里德的时候，他正从帐篷里走
49 出来，要在日出以前开始进军，他忽然见到一颗流星掠空而过，从
右向左横扫晴空，光亮异常。大家正在诧异这个朕兆作何解释，他
所乘的那匹马突然头朝下跌倒了，猛然把他摔在地上，连他的斗篷
的系带都扯断了，他的剑带也从上面滑了下来。当他的侍卫们跑
上来帮助他的时候，他们发现他已是盔零甲落、衣散襟开了。他临
摔下来的时候手里还拿着的那支投枪，被扔出距他二十余步之远。
此外，阿亨的宫殿常常震动，他所住的那些房子的带条纹的天花板
上经常格格作响。他后来在其中安葬的教堂为闪电击中，装饰在
屋顶上端的金苹果中了霹雳，落在与教堂毗邻的主教的房子上。
在这所教堂的内部，上下两层拱门之间，有一圈环形空壁，边缘镌
有铭文，说明这座神圣的建筑物为谁所造，最后一行写着“查理君
王”字样。在查理逝世那一年，死前的几个月，有些人看到“君王”
50 这个字的字母已经被毁坏得十分模糊了。但是他对这些朕兆既不
注意，又很轻视，好像它们跟与他有关的任何事情都毫无关系似
的。

**三十三** 他曾经决定立下遗嘱,以便让诸妾所生的儿女继承他的某些财产,但是他的计划着手过晚,未能实现。不过在他死前三年左右,他当着朋友们和大臣们的面,把财富、金钱、袍服和全部其他动产加以分配,他请求这些人在他死后出面承认和维持这种分法。他还在一个文件里说明他希望如何处理他所分配的财产。文件的原文和要点如下:

最光荣、最虔诚的君王查理大帝在我们的救世主耶稣基督降
世以后的第八百十一年、他统治法兰克的第四十三年、他统治意大
利的第三十六年、帝国成立后的第十一年、即小纪之第四年,以全 51
能的上帝、圣父、圣子和圣灵的名义,订立分赠文书如次:为了明智
的和宗教的理由,他把当日御库中所存贮的金银珠宝加以分配。
他这样做的伟大目的是:首先,保证由他用自己的财富来恰当而适
宜地散发那种基督徒们虔诚地用自己的财产所发放的布施。同
时,他的继承人可以清楚地、无任何怀疑之可能地了解什么东西应
当属于他们,因此他们可以毫无争执、毫无分歧地按照适当的比例
剖分他的财产。因此,基于这种意图和目的,他首先把他的全部财
产和动产分为三部分,其中无论是金银、珠宝或御用衣物,都可以
在上文所指明的那天在他的御库里见到。然后,他又作了一次划
分,把三份中的两份又分为二十一份,而保留第三份不动。

该两份将以下列的方式分为二十一份。如所周知,他的领域
之内有二十一个由大主教管辖的城市。为了发放布施,他的继承 52
人和朋友要把二十一份财产分别交给每个大主教的城市,由在他
死时正管理各该教区的大主教代表他的教会接受应得部分,并在
他的副主教中间进行分配,三分之一归本教堂,三分之二分给众副

主教。

每份财产都是从三份中的前两份分出来的，根据大主教教区的数目，共有二十一份，已如前述。这些财产是彼此分开的，每份都各自存放在自己的储藏处，附有其所将归属的城市的名称。布施或赠礼所将归属的大主教教区的名字是：罗马、拉文纳、米兰、弗雷儒斯、格拉多、科隆、美因茨、于法富姆（又称萨尔斯堡）、特里夫斯、桑斯、贝桑松、里昂、鲁昂、兰斯、阿尔、维恩、达兰塔西亚、昂布伦、波尔多、都尔、布尔日。

尚未被分赠的那一部分将按下列办法处理。前两部分既已按照上述方式加以分赠，并已封好另置，此不曾为原主以任何契约或许诺方式转让出去的第三部分则将留供日常之需。只要原主在世并认为这种用法必要时，这份财产就如此使用。但在原主死后，或
53 是他自愿地摒弃世俗事务以后，该部分将分为四小份。一小份将并入上述的二十一份之内；第二小份将由他的子女以及孙子孙女享有，并在他们之间加以公平合理的剖分；第三小份将专用于济贫事业，就像基督徒们惯常所做的那样；第四小份也将同样地作为布施散发，用来维持在宫廷中服役的男女仆役们的生活。

总财产的第三部分同其他部分一样，包括金子和银子。他还打算在这部分里再增加进去铜制、铁制或其他金属制成的各种器皿和用具，还有武器、衣服和所有供各种用途的、值钱的或不值钱的一切可搬动的器物，例如窗帘、床罩、挂毯、毛呢、皮革、马具和当日在他的储藏室里或贮衣室里所能找到的任何其他东西；这样，该部分的各小份就可以更加丰富，在发放布施的时候也可以周济更多的人。

他希望礼拜堂——即指做礼拜时所用的物品，包括他本人 54
赐与的和收集的，以及从他父亲那里继承来的在内——保持完整，不遭受任何瓜分。但是如果从中发现任何确非他所捐赠给该礼拜堂的器物、书籍或其他饰物，则任何有所需要的人都可以用合理估计的价格购买并享有它们。他同样地决定：他大量收藏在他的图书馆里的那些书籍，应当以合理的价格卖给需要的人，得钱送给穷人。在他的财富中，有特别重大的银子三块、金子一块。关于这些金银，他作了下面的决定。其中的一块是正方形的，上面有君士坦丁堡城的地图，这块要与那些另放在一处的、准备送给圣彼得大教堂的其他礼物一同送到罗马去。第二块是圆形的，上面镌有罗马城的图画，这块要送给拉文纳主教管区。第三块无论在制作的精美上，或者是在重量上，都远远地超过其他几块，它由三个圆的形体组成，上有一幅画得精巧细致的
世界地图，这块要增添到第三部分财产之内，用来分给他的继承 55
者和发放布施。

这种处理和安排是他当着当时在场的主教、修道院院长和伯爵们之面作出并确定的，他们的名字如下：

## 主　教

希尔迪巴尔德
里科尔夫
阿尔诺
沃尔法尔
贝尔诺因
莱德拉德
约翰
提奥多尔夫
耶斯
海托
瓦尔特高德

## 修道院院长

弗里杜吉西乌斯
恩吉尔贝尔特
阿达隆
伊尔明

## 伯　　爵

瓦拉托
里温
梅金黑尔
埃多
奥托尔夫
埃尔坎加尔
斯蒂芬
格罗尔德
翁鲁奥克
贝罗
巴尔卡尔德
希尔迪格尔恩
56 梅金哈尔德
罗科尔夫
哈托

他的儿子路易由于天意攸归而继位，披阅了上述文件，并且在查理死后立即以最大的热诚把这些安排付诸实施。

# 查理大帝传 57

圣高尔修道院僧侣[①]著

## 第一卷　他对教会的虔诚和护持 59

一　当同时掌管各国命运和时间更序的全能的世界主宰把一座华贵的塑像——即罗马人——的半铁半泥的脚砸碎之后，[②]他凭借卓越的查理的双手在法兰克人中间树立起另外一座毫无逊色的塑像的精金头颅。他已经开始唯我独尊地统治着世界的西部，在他整个王国之内，探求学问一事几乎已被遗忘，而对于真神的崇奉也是暗淡消沉。恰在此时，有两个苏格兰人随同一些不列颠商贾从爱尔兰来到高卢的海岸。这些苏格兰人对于宗教和世俗之学的精通是鲜有其匹的。日复一日，当群众聚集在他们周围进行交易的时候，他们并没有陈列出什么待售的货物，而是高喊着说：“嗨！谁要需求知识，请靠近来，从我们的手上领取，因为我们出售的就是知识。” 60

他们之所以宣称他们出售知识，是因为他们认为人们只是重视那些售卖的东西而不重视白给的东西，希望借此而能鼓励人们在购买其他货物的同时也买些知识，也许还希望由于这种宣扬，可以使他们自己成为人们的奇闻异事。事实果然如此。由于他们进

---

① 圣高尔是爱尔兰修道院僧侣，于585年随科隆班赴法兰克，后遭墨洛温朝廷放逐，迁居瑞士，在该地创立修道院。本书作者是该修道院的僧侣，今佚其名。——译者

② 典出《圣经·但以理书》，第2章，第33节。——英译者

行了这样长久的宣传，结果那些对他们感到莫明其妙，甚或以为他们发了疯的人，就把这件事传到那位一向喜爱和追求知识的国王查理的耳朵里。于是他下令请他们立刻进见，并且询问他们是不是真的像传闻所说的那样，随身带来了知识。他们回答说："我们两人都有知识，并且乐于以上帝的名义把它传给那些配得上寻求它的人。"然后他问他们要求什么代价，他们回答说："啊，国王，我们不要任何代价，只要一个适当的地方来讲学和一些明快的头脑来受业；另外就是要有食物可吃，有衣服可穿，要是没有这些，我们就无法完成我们人生的历程。"

这一回答使国王满心喜悦。在最初的一个短时期里，他把他
61 们两人都留在身边。但在不久以后，他亟须外出作战，就让他们中间名叫克利门特的那个人留居高卢，给他派去许多男孩子，名门巨第、中等人家和寒门小户出身的都有；他还下令根据他们的需要供应如数的食物，并且为他们收拾了一些适于学习的房屋。但是他将另一位学者遣送到意大利，并把帕维亚附近的圣奥古斯丁修道院赠送给他，好使那些有志于学的人聚集到那里跟他学习。

二　英格兰人阿尔比努斯，即阿尔昆，听说最虔诚的查理皇帝乐于接待博学之士，他就乘船来投查理。阿尔昆对于学问无所不通，而且凌驾乎我们当代人士之上，因为他是那位最有学识的教士比德[①]的门徒，比德是仅次于圣格雷戈里的最有技巧的圣经阐释者。查理友好地接纳了阿尔昆，除了自己带领军队去进行规模巨



① 比德(672或673—735年)是英国著名的教会学者，学识渊博，著作丰富，最主要的著作是《英吉利教会史》。——译者

大的战争之外，终生把他留在身边。不仅如此，查理简直愿意称自己为阿尔昆的门徒，称阿尔昆为他的老师。他指派阿尔昆管理都尔城附近的圣马丁修道院，这样，他本人外出的时候，阿尔昆就可以留在修道院里教导那些有求于他的人。他对门徒的说教成绩卓 62
著，以致这些当代的高卢人或法兰克人竟可以与古代的罗马人或雅典人相媲美了。

三　当查理长期外出，然后又满载胜利回归高卢的时候，他就命令那些他托付给克利门特的男孩子到他的面前来，让他们把自己所写作的文字和诗句交给他看。这时，出身于中等和低微门第的孩子们交给他的写作带有一种出乎意料之外的智慧的清新风味，而出身高贵的孩子们所写的东西却笨拙而庸俗。最明智的查理于是仿效永世的裁判者的裁决，把做得好的孩子们聚集在他的右方，对他们这样说："我的孩子们，你们深得我的喜爱，因为你们竭尽全力去执行我的命令，并且自己也得到了好处。因此今后要学下去，以期达到完善；我将赐给你们主教管区和华丽的修道院，你们在我的眼睛里永远是光荣的。"然后他严厉地转向那些聚集在左方的孩子们，他愤怒的目光使他们的良心受到谴责。他轻蔑地向他们发出了可怕的语句，这些话听起来简直不像人世语言而像雷霆一般："你们这些贵族，你们这帮大官们的少爷，你们这群超等 63
的花花公子，你们仗着出身，仗着财产，对我让你们自己谋求上进的命令竟敢置若罔闻：你们忽视探求学问，你们恣纵于奢侈和嬉戏，沉溺于游手好闲和无益的玩乐。"然后，他严肃地抬起威武的头，向天举起他那只所向无敌的右手，这样地厉声怒斥他们："上帝在上，我看不上你们的高贵的出身和漂亮的仪表，虽然别人或许因

此而羡慕你们。千万要明白,除非你们发奋读书,弥补从前的怠惰,你们永远不会得到查理的任何恩宠。"

**四** 查理惯于从我所谈到的那些穷孩子中选拔写得最好、读得最好的人,把他们转送到他的礼拜堂去。法兰克人的国王们把他们的私人祷告室叫做礼拜堂。这个字起源于圣马丁的"斗篷",[①]法兰克国王们在作战的时候经常带着它,用来御敌自卫。某天,有人来向这位最谨慎的查理国王报告有个主教死了。国王问起死者曾否为拯救自己的灵魂而有所捐献。这时候来人回答说:"陛下,他不过捐献了两磅银子。"这时,他的一个宫廷教士再也
64 不能把内心的想法存在心中,他叹息着,就在国王听得见的地方这样说道:"对于一个漫长而永无尽头的旅程来说,这份储备未免太微薄了。"

于是世人中间最和善的查理想了一下,对这个青年说:"那么,你以为,如果你要是得到这个主教职位的话,你会愿意为这个同样漫长的旅程做出更多的储备吗?"这些审慎的词句落在宫廷教士的耳朵里,就像熟透了的葡萄落进一个伫望着它们的人的嘴里一样。他扑在查理的脚下说:"陛下,这件事情全凭上帝的意旨和您的权力。"国王说:"站到挂在我身后的帷幕后面去,并且留意一下,假设你被抬举到那个尊贵的地位,需要得到什么样的帮助才行。"

宫廷里的官吏总是在留心死亡的事件和意外的变故,现在他们听说主教死了,就一个个迫不及待,而且互相猜忌,大家开始通

---

① 礼拜堂在古法语中为"chapele",拉丁文为"capelle"或"cappella",导源于"cappa"一字,即僧侣的斗篷。——译者

过皇帝的友人谋求那个职位。但是查理始终拿定主意,他拒绝了
每一个人,他说,他不愿意使他那位年轻朋友失望。最后,希尔迪
加尔德皇后派来了国内的一些显贵,最后又亲自前来,替她本人的 65
一个教士祈求主教职位。皇帝很和蔼地接受她的请求,他说他不愿意,也不能够拒绝她的任何事情,但是他认为欺骗他的小小的宫廷教士则是可耻的。皇后到底是妇人之见,她以为一个妇女的意见或愿望要比男人们的法令还有分量;她把内心激动着的情绪隐蔽起来,把她的有力的声调放低得几乎变成耳语,又做出多情的姿态,想软化皇帝还未出口的意愿。她说:"我的国王陛下,如果那个孩子果真没有得到主教职位,这又有什么关系呢?不,我恳求您,亲爱的陛下、我的光荣和靠山,把它赏给您的忠实的仆人、我的教士吧。"那个年轻人就待在靠近国王坐椅的帷幕后面,他听到那些请求,就从幕后拥抱国王,喊道:"国王陛下,要坚定不移,不要让任何人把上帝赋予您的权力从您手里夺去。"

然后,这位真理热爱者吩咐他走出来,说道:"我打算让你当主教;但是你一定要非常小心,不可过事浪费,并且要对那一去不返的漫长旅程为你自己和为我作出更丰富的储备。"

**五**　这时候,国王宫廷里有一个低微卑贱而又毫无学识的教
士。最虔诚的查理怜悯他的穷困,虽然谁都恨他,想把他从宫廷里 66
赶走,查理却从来不曾听信而把他辞退或者赶出去。碰巧,在圣马丁节日[①]的头一天,皇帝获悉一个主教死了。他把一个出身高贵、学识丰富的教士召唤前来,授给他主教的职位。这个新主教因之

① 11月11日为圣马丁节。——英译者

高兴已极，就邀请了许多宫廷里的侍从人员到家里来，并且以盛大的排场接待了从主教管区前来欢迎他的人。他请大家吃了一顿最上等的筵席。

后来，他吃得肠满肚胀，汤汁淋漓，喝酒喝得酩酊大醉，竟尔在
那最庄严的节日前夕不能出席晚间的礼拜式。当时的习惯是：歌
唱队的领队在头一天就向每个人指定要在晚间歌唱的应答圣诗。
那句“上帝，如果我仍然对您的人民有用”[1]的答词正巧轮到这位
主教职务业已在握的人的头上。咳！他没有出席。于是在读经以
后，停顿了很长一段时间。每个人都催促跟他贴邻的人接上那句
圣诗，可是每个人都回答说他只能唱分配给他的那部分。最后皇
帝说：“来吧，你们之中必须有个人唱这段。”这个低贱的教士受到
67 某种神圣的感召的激励，又受到君命的鼓舞，自己就唱起应答圣诗
来了。和善的国王认为他唱不出全诗，就命令别人帮忙，于是大家
立刻唱了起来。但是这个可怜的家伙对于谁的歌词也听不出来。
应答圣诗唱完以后，他开始用适当的韵调唱起主祷文来。这时，人
人都想制止他；但是最明智的查理想看看他究竟唱到什么地方为
止，就禁止任何人干涉他。他最后唱到：“你的王国来临了，”其余
的人正在莫明其妙，只好接着答应说：“你就功行圆满了。”[2]

朝祷的赞美歌结束以后，国王回到王宫里，或者说回到寝室里，使自己暖和一下，穿戴起来准备参加节日庆典。他命令那个可

---

① 此是在圣马丁节日所唱的应答圣诗中一段的起句。——英译者

② 此是圣马丁节日应答圣诗的收尾句。其他应答圣诗往往也以此句收尾。书中教士不能唱出这首应答圣诗的全文，所以另唱主祷文（它也以此句为收尾），以便使唱诗得到正确的收尾。——英译者

怜的侍臣——不熟练的歌唱手——到他的面前来,问道:“是谁叫
你唱那首圣诗的?”对方答道:“陛下,是您下命令让有个人来唱
的。”国王(皇帝当初号称国王)说:“那么,是谁叫你刚好从那一首
唱起呢?”于是那可怜的家伙——大家认为他是受到了上帝的感
召——以下属常用于向上司表示恭敬、祈求或谄媚的姿态,这样说
道:“有福的君主,恩泽广被的国王,由于我听不出任何人的正确的 68
词句,我就想,要是我唱出了什么奇怪的内容,我就会惹得陛下生
气。因此我决定唱一些其末后部分常常见于应答圣诗结尾的句
子。”

仁厚的皇帝温和地对他笑笑,当着全体贵族的面这样说:“那个骄傲的人对于上帝或曾经厚待他的国王既不十分惧怕,又不十分尊敬,竟而一个夜晚都不肯克制浮华浪荡,在自己的岗位上歌唱那段据我所知是分配给他的圣诗;现在,上帝和我下令剥夺他的主教职位。你将接受这个职务,因为这是上帝授命而经我允许给你的;千万要遵照教规和使徒的准则去执行职务。”

六　又有一个主教死了,皇帝指派一个年轻人去接任。当这
个奉委的主教走出宫廷,就要启程的时候,他的仆人按照适合于主
教身份的排场,带过来一匹马,还拿来上马凳。但是他误认为他们
要把他当做残废者来对待;他从地上一跃而起,跨上马背,他使劲
使得这样猛,竟致几乎从另一边摔了下来。国王从王宫的台阶上
看到了,就让人把他叫过来,并对他这样说:“我的好先生,你又敏 69
捷、又轻快、又灵巧、又顽强。你自己也知道,由于战争风暴频起,
从各方面搅扰了帝国的宁静。所以我需要一个像你这样的教士在
宫廷里。因此,只要你能够这样灵便地纵身上马,你就留下来作为

我工作上的伙伴吧。"

**七** 我在叙述应答圣诗的情况的时候,忘记叙述读经的规矩了。在这里我必须就这个题目专门说几句话。在最有学问的查理的宫廷里,没有专人向每个读经者指定所要读的篇章,也不曾有人在每章末尾盖上印鉴,或者用指甲做个小记号。但是对于指定要读的章节人人都必须纯熟到这种地步,一旦他们被指名诵读的时候,他们就能够完成任务而不致引起查理的谴责。他打算让谁朗诵的时候,就用手指头或棍杖向他一指,或者派坐在近旁的人去通知坐得远的人。朗读可以结束的时候,他就发出一种喉音示意。大家都非常专心地注意这个信号,竟至不论信号是刚好落在一句的末尾,还是落在一个子句,或子句的子句的中间,都没有人敢再
70 朗读一下,尽管这种开头或结尾会显得离奇古怪。这样,宫廷里的人纵使不了解他们所读的东西的内容,却都成为优秀的朗读者。外国人和著名人士,除非会读会唱,都不敢参加他的歌唱队。

**八** 一天,查理在旅途中来到某座宫殿,游方僧中有一个教士加入了歌唱队。他对这些规则茫然无知,不一会,他就只得在歌唱者中间不声不响地发起呆来。于是歌唱队长举起棍子进行威吓,逼着他继续唱下去,否则就要打他了。那可怜的教士不知道怎么办,也不知道往哪里转才好,又不敢走出去,他把脖子扭得像一根弓,张着嘴,鼓着腮,使尽力量模仿歌唱者的样子。其余的人都忍不住发笑,但是这位即使面临重大事件也不会动摇初衷的最勇敢的皇帝,却好像没有注意到他唱歌的笑剧似的,他遵照应有的仪式,一直等到弥撒结束。但是后来他把那个可怜的人叫到面前,他怜悯他挣扎时的焦灼,用以下的话来减轻他的恐惧:"好教士,多谢

你的歌唱和努力。”然后他命令给他一磅银子,救济他的穷困。 71

**九** 但是我决不该好像忘记或者忽略了阿尔昆,因此我要写这一段有关他的能力和功绩的真实记述。他所有的学生,毫无例外,都以成为献身于宗教的修道院院长或主教而著称。我的老师格里马尔德[①]就是在他的门下学习文辞诸艺的,他先就学于高卢,后来则是在意大利。但是那些在这方面谙熟的人也许会指责我在说谎,因为我说:“他所有的学生,毫无例外”,而事实上,在他的学校里有两个年轻人——在圣科隆班修道院服役的一个磨坊主的儿子——似乎并不适于被提拔为主教管区或修道院的主管人;但是即使是这两个人,也许是由于他们的老师的势力,也先后晋升到博比奥修道院司祭的职位,他们在工作上表现了最高的能力。

于是,最光荣的查理亲眼看到全国探求学问之风蔚然称盛,但是他也发现当时的文风还赶不上前人所达到的那种成熟程度,因之仍旧郁郁不乐;因此,在作了许多超人的努力之后,有一天,他迸发出这种忧虑的话:“但愿我有十二个像耶罗姆和奥古斯丁[②]那样在各门学问上如此精通,又受过如此全面的训练的教士。”于是博 72
学的阿尔昆觉得自己跟这些大人物比较起来,的确是愚昧无知,他就鼓起最大的勇气——在可畏的查理面前,别人谁也不曾这样大胆过,——心里虽然非常愤怒,脸上却一点不显,说道:“天地的创造者也没有这许多类似他们的人,您就想有十二个吗?”

**十** 我必须在这里报导一些我们当代的人会觉得难以置信的

① 格里马尔德于 841—872 年任圣高尔修道院院长。——英译者

② 耶罗姆(约 340 至 420 年)是基督教会的著名学者,著作甚多。他的主要成就是拉丁文《圣经》的翻译和校订工作。奥古斯丁见艾因哈德书第 24 节注。——译者

事情；因为，假如不是我们应当宁肯相信我们祖先的正确，而不去相信近世惰夫的虚妄议论的话，那么，就连我这个记述其事的人也几乎不能相信我们的唱诗方法同罗马人的唱法之间的差别竟然如此之大。因此之故，热爱上帝、始终不渝为其服务的查理，虽然可以因为在学术上已经取得各种可能的进展而感到庆幸，却由于看到了各省——不，不仅是各省，而且是各地区和各城市——在赞美上帝的方式上，亦即在唱诗方法上的巨大分歧而感到烦恼。于是他请求已故的斯蒂芬教皇——就是在法兰克国王希尔德里克遭到废黜，削发为修道僧以后，按照法兰克人的祖法为查理涂抹圣脂，使他成为国王的那个教皇[①]——供给他十二个深通圣曲的教士。
73 教皇对他这种善良的愿望和神示的计划表示同意，就从教皇管区的教士中选出擅长圣曲的人，给他送到法兰克去。由于使徒一共是十二位，送去的教士也是十二名。



我刚才提到了法兰克，我所指的就是阿尔卑斯山脉以北各省。因为正像经文中写道："在那些日子必有十个人从列国诸族中出来，拉住一个犹太人的衣襟"，[②]因此在那时候，由于查理声威显赫，高卢人、阿奎丹人、伊杜安人、西班牙人、日耳曼人和巴伐利亚人，只要被人认为配称得起是法兰克人的仆人的话，那么他们就认为所蒙受的光荣是不小的。

---

① 从矮子丕平废黜希尔德里克三世到查理在位，其间有两个教皇名斯蒂芬：斯蒂芬二世（752—757 年在位）和斯蒂芬三世（768—772 年在位）。斯蒂芬二世曾于 754 年为矮子丕平加冕，但不曾为查理涂过圣脂。斯蒂芬三世与查理同时，书中所记如果属实，则查理所求者，应是此斯蒂芬，但他与希尔德里克又毫无关系。故此处有误。——英译者

② 《圣经·撒迦利亚书》，第 8 章，第 23 节。——译者

前面所提到的那些教士和所有的希腊人和罗马人一样,对于
法兰克人的威名非常嫉妒。当他们正要离开罗马的时候,他们彼
此商量,决定使唱法变化多端,让查理的国家和领地永远没有机会
共享和谐一致之乐。他们来到查理那里,受到了最尊荣的接待,并
被派往重要的地方。于是每个人在分配给他的地区内开始唱得尽
量不同,还教给别人也这样唱,不管如何走调,只要他们编得出来, 74
他们就尽量照唱。但是,最机智的查理有一年在特里夫斯或梅斯
庆祝耶稣降生的节日,他最仔细、最明敏地掌握并理解了歌唱方
式;第二年,他又在巴黎或都尔度过这个庄严的节日,却发现唱法
与他在头一年所听到的完全两样;此外,他发现他派到各个地方去
的那些教士也都唱得各不相同;他把全部情况报告给斯蒂芬的继
任者、已故的利奥教皇。[①] 教皇把这些教士召回罗马,将他们处以
流放或终身禁锢。然后教皇对查理说:“如果我把别人送到你那里
去,他们也会像前一批人那样为邪恶所蒙蔽,他们决不会不欺骗
你。但是我想,我可以用这种方式满足你的愿望:把你手下最聪明
的教士交两名给我,并且设法让我这方面的教士不知道他们是属
于你的,靠上帝的帮助,他们在这些方面的成就将会像你所期望的
那样完善。”这样说了,这样做了。不久以后,教皇把这两个受过优
良训练的人送还给查理。查理把其中的一个留在自己的宫廷里;
另一个,由于他的儿子梅斯主教德罗戈的请求,[②]他派到梅斯的大
教堂里去了。这个教士的努力不仅在梅斯城中表现得效果卓著, 75



---

① 斯蒂芬三世和利奥三世之间,隔有哈德良一世(772—795 年在位),故利奥非斯蒂芬的直接继任者。——译者

② 德罗戈在查理死后始任梅斯主教。此处所记有误。——英译者

而且很快就广泛地影响到法兰克全境，以致今天在使用拉丁语的地区内，人们都把圣歌叫做梅坦西安，说条顿语或条提斯坎语的人则把它叫做梅特；如果用的是希腊语，就把它叫做梅蒂斯克。最虔诚的皇帝还命令前来同他住在一起的歌唱者彼得到圣高尔修道院里去住些时候。查理又在这所修道院里制定了今天这样的歌唱方式，还附带一本正式的歌集。查理永远是圣高尔修道院的热心的卫护者，他下了最周到的命令，在圣高尔修道院里既要传授、又要学习罗马的歌唱方法。他还赠给修道院许多金钱和许多地产，他另外还赠给了遗骸，遗骸盛在赤金和宝石制成的圣物箱里，这个圣物箱叫做查理的神龛。

十一　在四旬斋期间，[①]最虔诚和最有节制的查理的习惯是：在参加了弥撒和晚祷的仪式以后，他就在白天第七时进食，他这样做并不违犯斋戒禁例，因为他吃东西的时刻比平时早，这正是遵循上帝的意旨。这时，有个主教倒是正直但却愚蠢，违反了所罗门的
76 箴言[②]，指责查理此举有失明智。最聪明的查理隐藏起胸中的怒火，以最谦恭的态度接受他的劝诫，他说："好主教先生，你的忠告很好，现在我要劝告你的是：在侍立在我的朝廷里的最卑贱的仆人都吃过饭以前，你不许吃东西。"查理吃东西的时候，公爵们及各族的统治者和国王们都在旁伺候。御膳结束以后，那些服侍他的人才去吃饭，而他们又由伯爵们、地方长官们和各级贵族服侍。最后这批人吃完以后，就轮到宫廷里的武官和学者们吃；然后又轮到宫



① 基督教习惯，在复活节前持斋四旬，以迎节日。——译者

② 所罗门的箴言教人处事正直而智慧，典出《圣经·箴言》，第1章。——译者

廷里各部门的首脑吃；再轮到他们的下属；最后轮到这些仆从的仆人。因之，这些最后去吃的人在午夜以前连一口东西也吃不到。因此，直到四旬斋几乎要结束的时候，上述那个主教一直在忍受着这种惩罚。这时候，最仁慈的查理就对他说：“现在，主教先生，我认为你已经看到，在四旬斋期间，我之所以在夜晚以前吃东西，是出于对别人的关怀，而不是由于缺乏自制。”

十二　有一次，查理请一位主教为他祈福，于是主教先把面包
净化，接着自己先吃了一部分，然后打算给最尊贵的查理；可是查 77
理却对他说：“你可以把面包整个留给自己。”他拒绝接受主教的祝福，使主教十分惶惑。

十三　除了恰巧驻在边境上或蛮族所居的边区的伯爵以外，最谨慎的查理从来不授给任何伯爵一个以上的郡；除非有特殊的理由，他也从来不把皇家有权授予的任何修道院或教堂授予主教。当他的谋士或朋友问他其中的道理时，他就答道：“凭那份进款或那份地产，凭那所小修道院或那所教堂，我就可以使得某个臣属效忠，而他也会像随便哪个主教或伯爵一样好，或者还要好些。”但是如果遇有特殊理由，他也会赐给一个人几处采邑；例如，对乌达尔里克就是这样，他是生育过几个帝王的伟大的希尔迪加尔德的兄弟。希尔迪加尔德死后，由于某桩过失，乌达尔里克的爵禄被削除了。于是有个小丑在最仁慈的查理听得见的地方说：“由于乌达尔里克的姊妹死了，现在他在东方和西方的爵禄也都丧失了。”查理
被这些话所感动，立刻恢复了乌达尔里克先前所享有的一切爵禄。78
当他受到正义的感召的时候，他就最慷慨大方地对某些神圣场所解囊相助，下面即将见到。

**十四** 当查理旅行的时候，途中正好有个主教管区，实在无法绕过。当地的主教总是极力希望使人得到满足，他把他的东西全部交给查理支配。但是有一次，皇帝出其不意地来到了。主教大为着急，只得像只燕子似地飞来飞去，指使人们不但把宫殿和房屋收拾整洁，而且把庭院和广场也都打扫干净，只弄得又疲倦又烦恼，才去迎接查理。最虔诚的查理看到此点，在检查过各方面的详细情况以后，就对主教说："我的好东道主，为了迎接我的到来，你总是把一切收拾得很漂亮。"于是主教好像得了神示似的，俯下头去，握住国王那只所向无敌的右手，忍住心中的烦恼，吻着国王的手，说道："我的君主，无论您什么时候来，样样东西都应该彻底收拾干净，这乃是理所当然的事。"众王之中最为明智的查理了解到内中情况，对主教说："如果我弄空了什么，我也能填满它。"他又说："你可以获得位于你的主教管区附近的那块地产，所有你的继
79 任者也都可以领有这份地产，直到末日。"

**十五** 就在这次旅途中，他还遇到另外一个主教，这个主教所住的地方也是他势必经过的。那天正好是一周的第六天，他不愿意吃禽兽的肉；可是限于当地的自然条件，仓促之间，主教又无法弄到鱼，就安排了一些味道浓厚而带奶油的极好的干酪，放到他的面前。最有自制力的查理以他在一切场合下所表现的敏锐，不再要求更好一些的食品，以免主教难堪。可是查理拿起刀子，切去了他认为不好吃的表层，单吃干酪的白色部分。主教一直像个仆人似地站在旁边，这时他又靠近一些，说道："皇帝陛下，您为什么这样做？你把精华的部分扔掉了。"查理从来不欺骗人，也不相信任何人会欺骗自己，由于主教的劝说，他放了一片干酪的外皮在嘴

里，慢慢咀嚼，像牛油一样地咽了下去。然后他赞扬主教的劝告说："我的好东道主，的确如此，"又说："千万每年送两车这种干酪
到阿亨去。"这项任务是没有可能完成的，主教非常吃惊，深怕丢掉 80
地位和职务，就说："我的君主，我能弄到干酪，但是哪一种是这种质量，哪一种是另外一种质量，我可说不上来。我很怕要遭到您的责罚。"任何事物，不论多么新奇，都逃不出查理的深入的、巧妙的观察。查理于是对这位从小就已知道这种干酪，但仍不能加以识别的主教说道："把干酪切成两半，把你认为质量适合的那些用烤叉串在一起，在地下室里放一段时间，再送给我。其余部分留给你和你的教士及你的家庭食用。"主教照办了两年，国王只命令把干酪收下，不置可否。第三年，主教亲自把大力收集起来的干酪送进来。但是最公正的查理怜惜他的勤劳和兢兢业业，就又添给那个主教管区一块上好的地产，使他和他的继任者可以从中获得谷物和酒。

**十六**　我们已经谈过最明智的查理如何嘉奖谦虚的人，现在再让我们看看他又如何贬抑骄傲的人。有个主教过分地追求虚荣
和世俗名誉。最机智的查理听说以后，就让一个犹太商人就其力 81
之所及不拘任何方式欺骗一下这个主教，这个犹太商人常常前往迦南圣地，从当地带回稀世奇珍，运往海外国家。于是这个犹太商人捉了一只普通的家鼠，在老鼠的体内填满各种香料，然后拿它向主教兜售，声称这只前所未见的珍贵动物是他从犹太带来的。主教认为这是意外的运气，十分高兴，他出三磅银子向犹太人购买这件珍贵的商品。于是犹太人说："对这样贵重的一件东西来说，这可真是个好价钱！我情愿把它扔到海里去，也不愿意让任何人以

这样低贱的、可耻的价钱买到它。”这个极为富有但从不济贫的主教答应出十磅银子买这件举世无双的宝货。但是那狡猾的流氓假装生气地回答说：“亚伯拉罕的上帝不许我这样地丧失我的劳动和长途跋涉的果实。”我们这位贪婪的主教急于得到这件珍品，答应出二十磅。但是犹太人怒气冲天，用最贵重的绸巾把老鼠一裹，好像要离去的样子。于是主教被彻底蒙骗了——他也正该这样受
82 骗，——他为这件无价之宝出足了巨量的银子。这样到了最后，商人带着很勉强的样子，听从了他的要求。他带着银钱去见皇帝，把全部经过告诉他。几天以后，国王召集全体主教和地方首脑人物谈话，在商量过许多其他问题之后，他命令把那笔银子整个搬来，放在宫殿的中央。然后他这样说：“长老们和保护者们，教会的主教们，你们应该帮助穷人，或者更确切一些说，帮助附着在穷人身上的基督，而不应该追求浮华。但是现在你们的行为与此恰恰相反，你们又虚荣，又贪婪，其程度超过所有其他的人。”然后他又说：“你们之中有一个人曾经为一只假老鼠，把这全部银子给了一个犹太人。”于是那个曾经受到这样恶毒的欺骗的主教扑倒在查理的脚下，请求恕罪。查理以恰如其分的言辞斥责了他，然后让他狼狈不堪地离开了。

**十七**　当最尚武的查理对匈奴人作战的时候，就是这个主教又受命照顾希尔迪加尔德。[①] 他卖弄同希尔迪加尔德的熟识，竟而胆敢请她允许他在节日使用举世无匹的查理的金笏，而不用自



① 希尔迪加尔德殁于783年，在对阿瓦尔人战事发生之前。此时王后应是法斯特拉达。——英译者

己的神杖。她巧妙地哄骗了他,她说,她不敢把金笏给任何人,但
是她将忠实地向国王转达他的请求。因此,查理回来以后,她把主 83
教的狂妄请求开玩笑似地告诉给他。他温和地答应实现她的愿
望,甚至更大地满足她。于是,当整个欧洲(可以这样说)都为查理战胜这样一支强敌而来祝贺的时候,他向大大小小的人物讲出下面的话:“主教们应该藐视这个世界,要以身作则地感化别人去追求天国生活,但是他们现在受到野心的驱使,更甚于其余一切的人,其中有一个人掌管了日耳曼的首屈一指的教区,还不满足,竟敢不经我的同意,要拿我的象征帝王意旨的金笏,当做牧杖使用。”那个罪人承认了他的罪过,得到宽恕,便退去了。

十八　现在,我的查理皇帝陛下[①],我很害怕,由于我愿意遵从您的旨意,却可能引起所有曾经宣誓效忠的人,特别是最高级教士的怨恨。但是只要您对我的庇护不被剥夺,这一切我都不太在意。



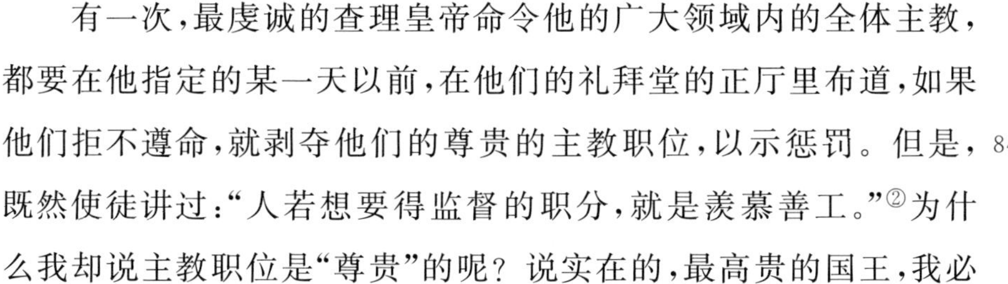

有一次,最虔诚的查理皇帝命令他的广大领域内的全体主教,
都要在他指定的某一天以前,在他们的礼拜堂的正厅里布道,如果
他们拒不遵命,就剥夺他们的尊贵的主教职位,以示惩罚。但是, 84
既然使徒讲过:“人若想要得监督的职分,就是羡慕善工。”[②]为什么我却说主教职位是“尊贵”的呢?说实在的,最高贵的国王,我必

① 指胖子查理。他是日耳曼人路易之子,876 年继其父为东法兰克国王,881 年获皇帝称号,884 年又被推为西法兰克国王;887 年由于防御北欧人不力为诸侯所废。胖子查理曾于 883 年在圣高尔修道院盘桓三日,作者事后写出此书呈献给他。——译者

② 《圣经·提摩太前书》,第 3 章,第 1 节。引文中监督即主教。——译者

须向您承认这个职位是非常尊贵的，但是“善工”却丝毫不用做。且说上述那位主教对于这项命令最初是大吃一惊，因为他的全部学问就是贪食和傲慢，他怕在丢掉主教职务的同时也会失去他的安逸生活。因此在节日那一天他请来了两位宫廷要人，在读完日课之后，他就登上讲坛，好像要向人们演说似的。大家看到这种出乎意外的现象，都好奇地拥上前来，只有一个红头发的穷家伙没有过来，这个人因为没有帽子，又愚蠢地觉得满头红发不好意思，就在头上包上破布片。于是这个主教——名义上是而行动上却不是主教——便招呼他的司阍或者更确切些说是他的门守（这种人的地位和职责相当于古代罗马人所谓的营造官[1]），对他说：“把站在
85 教堂大门附近的戴帽子的人给我带过来。”司阍赶快遵命，抓住那个穷人，开始向主教那边拖。但是那个穷人深怕由于竟敢头戴什物站在上帝的屋子里，因之要受严惩，就竭尽全力地挣扎，以免被带到可怕的审判者的法庭上去。但是主教居高临下，时而向臣属们讲话，时而对穷汉斥责，大喊大叫，用下列的话来布道：“抓过他来！不要让他溜走！不管你愿意不愿意，你总得来。”最后，不知道是暴力还是恐惧把那人带到近处的时候，主教嚷道：“向前来！不，你必须来到跟前！”然后他把这个遭擒的人的包头布扯掉，向人们喊道：“你们大家看啊！这个乡下佬是长红头发的。”后来他回到讲台上，做了仪式，也许只是装装样子罢了。

弥撒这样勉强对付过去以后，他的客人进入大厅。大厅里陈饰着绚丽多彩的地毯和各色各样的织物，摆设着豪华的筵席，使用

① 营造官是古罗马掌管监督公共事务的官职。——译者

的杯盏都是金银制造和宝石镶嵌的,这是故意用来挑动那些饮食上挑剔苛刻或日食珍馐美味的人的食欲的。主教本人坐在最柔软的靠垫上面,全身都是贵重的绸缎,外罩帝王御用的紫袍,因此,除了没有皇笏和尊号而外,他简直像是一个国王了。他的周围簇拥着阔绰的骑士的队伍,战无不胜的查理的宫廷官吏(虽然他们都是贵族)跟他们比起来,显得是极其卑陋了。等到这桌豪华惊人、胜 86
过御宴的酒筵散席以后,廷臣们正要告辞的时候,他还打算更清楚地显示一下他的豪富和荣耀,就命令训练有素的乐手过来。他们的歌声能够使最坚硬的心肠软化,能够让奔流急速的莱茵河水凝冰。与此同时,还向廷臣们献上各种各样巧妙调和的精致饮料,饮料盛在用黄金和宝石制成的杯子里,杯子上的珠光宝气同他们头上戴的嫩叶鲜花相映成辉。但是他们的胃再也盛不下了,因此杯子都白拿在手中。当时虽然他们已经吃不下了,但是做糕点的、做腊肠的、管伺候的和管装饰菜点的,还为他们献上了精心制作的开胃的食品。这是一席连伟大的查理本人也从来没人向他献上过的酒筵。

天亮了,主教有点清醒过来了,他惊恐地想起他在皇帝的臣仆们面前所炫耀的奢侈,因此他把他们叫到面前,塞给他们配得上国王身份的重礼,恳求他们向令人畏惮的查理讲述他的善功和生活的简朴,特别要讲讲他如何在教堂里当众布道的事。

他们回去以后,查理问起为什么主教要宴请他们,于是他们伏 87
在查理的脚下说:“主人,这是因为他把我们看做是您的代表而加以尊崇的,就我们低微的身份而言,这是大大过分的。”他们继续说:“他在各方面都是最好的、最忠实的主教,是最配得上教会最高品级的人。因为，如果您肯相信我们拙劣的鉴别力的话，我们就向崇高的陛下明说：我们曾经听到他以感人至深的方式在教堂里讲道。”皇帝夙知这个主教缺乏技巧，就进一步追问他讲道的方式。他们迫不得已，把一切都吐露了。皇帝看他倒还没有违背谕旨，还努力讲了一点东西；尽管不称其职，还是容许他保留主教职位。

**十九** 不多久，在某次节日场合，皇帝的一个年轻的亲戚唱阿利路亚唱得很美妙。查理转身向这个主教说：“我的教士唱得很好。”但是这个傻子以为他在开玩笑，不知道教士是皇帝的亲戚，于是便回答说：“我们乡村里的每一个乡下佬对着正在耕地的牛哞哞
88 地哼几声，也哼得那样好。”皇帝听到这粗鄙的回答以后，用闪亮的目光向他扫去，使他惶恐万状，跌倒在地。[①]

**二十六** 虽然其余的人类可能为魔鬼及其魔众的诡计所欺骗，但是如果思考一下我主的话，却又令人欣慰。我主在褒奖圣彼得的大胆的表白时说：“你是彼得，我要把我的教会建造在这磐石上；阴间的权柄，不能胜过他。”[②]因此，即使在这些危险重重、道德沦丧的年代里，他让教会始终屹然不动。

心怀嫉妒的人经常是妒火中烧，因之罗马人也就总要反对那些不时被推举登上教皇教座的强有力的教皇，甚至同他们打仗，这

① 第20至25节所记与查理完全无关，为英译者略去。——译者

② 《圣经·马太福音》，第16章，第18节。——译者

对罗马人说来已然是习以为常的了。于是就发生了这样的事:有些罗马人被嫉妒之心蒙蔽了眼睛,以重大的罪名控告前面提到的已故的利奥教皇,想把他的眼睛弄瞎。但是他们遭到某种神力的震慑和制止。他们想用拇指挖他的眼珠,没挖成,就在眼球中部横砍了几刀。教皇让仆从们把这个消息秘密地送给君士坦丁堡的皇帝迈克尔。[①] 但是皇帝拒绝给予任何援助,他说:"教皇有独立的 89
王国,其地位在我的国家之上;因此他必须自己向敌人报复。"于是神圣的利奥邀请战无不胜的查理到罗马来。此举正是遵循上帝的谕旨,因为,查理已经真正是许多国家的统治者和皇帝,现在由于得到教皇的认可,他就可以享有皇帝、凯撒和奥古斯都的称号。查理一向准备有素,随时可以进军,随时可以列好阵势,他虽然完全不知道被召唤的原因,却马上带着随从和臣属来了;他以世界之首的身份来到一度是世界之首的城市。这些无耻之徒听说他突然到来的时候,就像麻雀一听见主人的声音就躲藏起来似的,立刻望风而逃,在各个藏身之所、地下室和洞窟里躲起来。但是由于查理才能卓越,洞察秋毫,使他们无所逃于天地之间。不久,他们就被捉住,带着镣铐被押解到圣彼得大教堂去了。于是大无畏的利奥教皇拿起耶稣基督的福音书,举在头上,当着查理和他的骑士们之面,也当着他的迫害者之面,这样发誓:"在最后审判那天,我是会 90
叨沐上帝的应许的,因为我没有犯过别人诬控我的罪行。"于是许多犯人都请求允许他们在圣彼得的墓前发誓,表明他们也没有犯

① 当时东罗马帝国在位的是伊琳娜女皇(797—802 年在位)。九世纪时东罗马皇帝有三人名迈克尔:迈克尔一世(811—813 年在位)、迈克尔二世(820—829 年在位)和迈克尔三世(842—867 年在位)。作者疑是误记。——译者

被控告的罪行。但是教皇知道他们的虚妄，就对查理说：“我请求您，上帝的战无不胜的仆人，不要同意他们的狡诈，因为他们非常了解圣彼得是随时会宽恕人的。还是在殉教者的墓丛中找出上面写着圣潘克拉斯[1]的那块墓碑，那是个十三岁的男孩。如果他们以他的名义向您发誓，您就可以认为他们是可靠的。”事情照着教皇的指示做了。当许多人走向前来，要到坟前去起誓的时候，立刻，有些人倒退回去，死了；有些人中了邪魔，疯了。于是可畏怖的查理对仆从们说：“当心，不要让任何人跑掉。”后来他把全部被捉住的犯人都定了罪，不是处以某种死刑，就是终身禁锢。

查理在罗马逗留了几天，教皇召集附近地方的所有愿意来的人，当着他们之面，也当着不可战胜的查理的全体骑士之面，宣布查
91 理为皇帝和罗马教会的保护人。这时，查理还推测不出将会发生什么事情；虽然他不能拒绝看来是天命攸归的东西，但是他在接受新称号的时候，并没有感激的表示。因为首先，他认为希腊人会燃起比以往更加嫉妒的怒火，他们会对法兰克王国策划某些危害行动，至少也会更加警戒，以提防查理为了兼并他们的王国而可能发动的突然进攻。尤有甚者，宽宏大量的查理回想起当初君士坦丁堡国王的使臣们前来聘问的情况，他们对他说过，他们的君主愿意成为他的忠实朋友，又说，如果他们成为更近密的邻居的时候，国王一定要像对待自己的儿子一样地对待他，还要用自己的财富来救济查理的困窘；查理又想起自己在听到之后，是如何地再也不能抑制内心的



① 潘克拉斯是基督教的圣徒之一。据说他于295年为戴克利先皇帝所杀害，死年十四岁。都尔主教格雷戈里在其所著《黄金传说》中记载了潘克拉斯裁判曲直，惩罚伪誓的事，本书所记即源于此。——英译者

火热的激情,并且喊道:"啊!但愿我们之间没有那个池子;因为那样,我们就既能一起瓜分,又能共同享有东方的财富了。"

上帝赐予健康,也使人恢复健康。他对神圣的利奥的清白无
辜表示如此眷顾,以致使他双目复明,比遭受那次恶毒的、残酷的 92
刀伤以前还要明亮,只是在他的眼睑上留下一道亮晶晶的疤痕(像一条很纤细的线一样),这正是他的品德的标志。

**二十七** 愚蠢的人会指责我糊涂,因为我方才提到查理曾经说过有一片海洋——那位强大的皇帝开玩笑地称之为小池子——介于我们和希腊人之间;但是我必须告诉批评者,那时候,保加利亚人、匈奴人和其他许多强大的种族正以他们的还没有遭到攻击、受过摧毁的兵力阻挡了通向希腊的道路。真的,不久以后,最尚武的查理不是把他们抛掷在地上——例如对斯拉夫人和保加尔人,——就是把他们完全击破了——例如对坚如铁石的种族匈奴人。容我稍微描绘一下一座奇妙的建筑之后,我再继续叙述这些功业。这座建筑是查理(皇帝、奥古斯都和凯撒)仿效大智大慧的所罗门的做法,为上帝,为本人,或者是为主教、修道院院长、伯爵们和从世界各地到他那里来的一切客人在阿亨建造的。

**二十八** 精力最旺盛的查理在他可以稍事休息的时候,并不
贪图懒散的安逸,而是努力为上帝服务。因此他希望在自己的乡 93
土上修造一座甚至比罗马人的建筑还要精美的大教堂,他的目的很快就实现了。为了兴修这座建筑,他从海外各地召来了建筑师和精巧的工匠;他委派某一个奸诈的修道院院长主管这件事情。查理对于他执行这项任务的能力是了解的,然而对于他的品行却不了解。当威严的皇帝为了某件事情出巡以后,这个修道院院长

允许凡是肯于交出足够的金钱的人都回家去，至于那些不能赎买脱身，或者主人不让他们回去的人，就让他们负担无止境的劳役，如同当初埃及人折磨上帝的人民那样。他依靠这种卑鄙的诡计，聚集了大量的金、银和绸缎袍服，他只把最不值钱的东西陈列在他的房间里，而把最贵重的财宝全部藏在箱子和柜子里。某一天，他突然接到家里失火的消息。他十分着急地往家跑，从熊熊的火焰当中冲进存放着满盛金子的箱子的保险室。他并不是拿走一箱就满意了，而是要他的仆役们每人背起一箱以后自己才肯离去。等
94 他出来的时候，一根被烈火移动了位置的大梁正好落在他的头上，于是他的躯体便被凡火烧毁了，而他的灵魂也被天火消灭了。当最虔诚的查理皇帝把注意力转移到国务方面的时候，上帝的审判就这样地为他监察着。



**二十九**　另外还有一个在制造黄铜和玻璃器皿的人当中最精巧的工匠。这次，这个工匠（他的名字叫坦科，曾经一度当过圣高尔修道院的僧侣）做了一口精致的钟，皇帝对于这口钟的声音很喜欢。这个最出众而又最不幸的铜匠说道："皇帝陛下，请您让人给我多多送些铜来，我好把这口钟精制一番；不要给我锡，而要给我银子，我需要多少，就如数照给——至少一百磅；我要为您铸造这样一口钟，使得现有的这口相形之下显得暗哑无声似的。"于是人君之中最慷慨的，"财宝虽加增，并不放在心上"[①]的查理立刻下了需要下的命令，使得这个无耻的僧侣高兴万状。他将铜熔化，加以

① 《圣经·诗篇》，第62篇，第10节。此处原译文为"若财宝加增，不要放在心上"。——译者

提炼;但是他没有用银子而用了最纯的锡,不久,制成了一口钟,比
皇帝曾经赞赏过的那口好得多。经过检验之后,他把钟呈交皇帝。
皇帝称赞它的精美的外形,让人给它安上钟舌,把它悬在钟塔里。
这些都立刻办到了。然后教堂的门守、随从人员以及当地的男孩 95
子们一个个地试图打响这口钟。但是大家都打不响;于是这个无
耻的制造人最后来了,他抓住绳子摇曳这口钟。这时候,看啊!这
个铜制的物体从老高的地方落了下来,正好落在这个骗人的铜匠
的头上,当场把他砸死了。铜钟一直砸透他的尸体,粉碎在地上,
把他的脏腑都带了出来。当上述数量的银子被发现后,最正直的
查理命令把它散发给皇宫里的最穷困的仆人。

三十　当时的规定是:如果皇帝发布命令要完成什么工作,那
么无论是造桥,或是造船,或是修建石路,还是清扫、铺砌或填平泥
泞的道路,伯爵们是可以经由他们的代表和臣仆们去执行不大重
要的任务的。但是对较大的工程,特别是新创建的工程,那么不论
是公爵,或是伯爵,不论是主教,或是修道院院长都不能邀免。美
因茨地方的大桥桥拱证明了这一点;因为,可以这样说,整个欧洲 96
在从事这项工程时进行了有秩序的合作。后来由于一些歹徒卑鄙
无赖,想窃取从桥下经过的船只上的货物,把桥毁坏了。

如果皇室领地上的什么教堂缺乏雕花的天花板或者壁画作为缀饰的话,那么邻近的主教和修道院院长们就要负责这项任务;但是如果要修建新教堂,那么全体主教、公爵、伯爵,全体修道院院长和皇家教堂的首脑,以及全部担任公职的人都要从奠基到盖顶毫无休止地为它工作。关于皇帝的技巧的证明,你可以从阿亨的大教堂看出来,这座教堂看起来半由人力,半属天工。你也可以从各

个显贵的邸宅看出来，根据查理的设计，这些邸宅修造在皇宫周围，它们修成这样一种局式：查理从自己房间的窗户里，可以看到所有出出进进的人和他们在从事什么活动，而他们却自信没有被人见到。你还可以从他的贵族的一切房屋看出来，这些房子在地面上高高架起，使贵族的家臣和家臣的仆人，以及各阶层人士都可以在下面躲避雨雪和寒暑，可是在此同时，他们却躲不开最机智的
97 查理的眼睛。不过我是一个修道院围墙里的幽居者，而您的大臣们却是自由的，因此我要把描述大教堂的任务留给他们，而我就回过来说一说在修建大教堂的时候上帝的审判是怎样显示出来的。

**三十一** 最细心的查理命令邻近的某些贵族以全力支持他所派定任务的工匠，并且供应他们工作中所需要的一切东西。他把那些来自远方的工匠交给一个叫做柳特夫里德的宫廷管事人员去负责，他嘱咐他给他们吃的和穿的，还要最周到地供应建筑所需要的任何东西。查理在那里停留的一段短时间之内，他遵守了这些命令；但是查理一走，他就一概置之脑后，还用残酷的刑罚从贫穷的工匠身上搜括了这么一大堆钱，就连迪斯和普路托[①]都需要用一匹骆驼来把他的不义之财驮到地狱里去了。这桩事情是以如下的方式被发现的。

最光荣的查理习惯于在夜间披着一件长长的垂下来的斗篷（这种斗篷现在既没有人穿，也没有人知道了）去参加朝祷的颂歌仪式。唱完早晨的赞美诗以后，他就返回寝室，穿上御用袍服。他
98 的教士们总是衣冠齐楚前来参加夜间的祷告仪式，他们等候着皇

① 普路托是古希腊的地狱之神；迪斯是古罗马的地狱之神。——译者

帝的来临,等候着在教堂里或是在当时叫做外庭的走廊里举行弥撒。有时候他们一直保持清醒,如果有谁需要睡一睡的时候,就把头靠在伙伴的胸前。有一个惯常把衣服(我应当称之为破布烂裳)拿到柳特夫里德家里去洗涤和补缀的穷教士,正把头靠在一个朋友的膝盖上睡觉,梦幻之中,他看到一个比圣安东尼[①]的对手还要高大的巨人从国王宫廷里走出来,匆匆越过横跨小溪的一道桥,向这个管事人员的房子走去,他牵着一匹巨大的骆驼,骆驼背上驮着无法估价的行囊。他在梦中感到震惊,他问这个巨人是谁,要到哪里去。巨人回答道:"我从国王的家里来,到柳特夫里德的家里去;我要把柳特夫里德放在这些包裹上面,把他和包裹都带下地狱。"

于是教士醒来,十分惶恐,深怕查理会发现他在睡觉。他抬起头来,把别人弄醒。他喊道:"我请求你们听听我的梦,我好像看到
了另一个脚在地面上行走,手却抚摩着星辰,渡爱奥尼亚海而两肋 99
不湿的波吕斐摩斯[②],我看他带着一匹驮着东西的骆驼,匆匆忙忙地从皇宫到柳特夫里德的家里去。当我问他此行目的何在的时候,他说:'我去把柳特夫里德放在驮子上面,然后把他带到地狱里去。'"



故事还没讲完,从那所大家十分熟悉的房子里走出来一个女孩子,她跪在他们的脚下,请求他们在祈祷的时候,念及她的朋友柳特夫里德。他们问她为什么这样说,她说:"我的主人,他方才好

① 圣安东尼(约生于250年,死于四世纪中叶),是基督教会最早的僧侣,修道院的创始人。传说他在苦修中曾多次经历魔鬼的诱惑。《黄金传说》记载他曾看见魔鬼幻化的巨人,高可接天。——译者

② 波吕斐摩斯是荷马史诗《奥德赛》中的独目巨人。——译者

好地走了出去，由于他耽搁很久，我们就出去找他，却发现他已经死了。”

皇帝听到他突然死去的消息，又听见工匠和仆人们谈到他的吝鄙贪婪，他就命令检查他的库藏。人们发现都是无价之宝。查理步武最伟大的审判者上帝之后，在发现了这些东西是以什么样的卑劣手段搜括来的时候，便宣布了下列的公开的判决：“用欺诈手段获得的东西，是决不能用来从炼狱中拯救他的灵魂的。把他的财富分发给修造这所房子的工匠和我的皇宫里比较穷苦的仆人
100 吧。”

**三十二** 现在我必须讲一讲那同一地方发生的两件事。有个副主祭仿照意大利人的习惯，违反了自然之道。他到浴堂里去，让人给他细细地刮了胡子，把皮肤擦得光光的，把指甲弄得干干净净的，把头发剪得短短的，好像是用镟盘镟过一样。然后他穿上麻布衬衣和一件白色长袍。由于他不能够耽误轮到他的差事，或者不如说，由于他打算漂漂亮亮地显示一番，他就走上前去，在上帝和他的神圣的天使面前，在最机警的国王驾前，宣读起福音书来。当时他的心地是污浊的，事实将说明这一点。因为正当他宣读的时候，一个蜘蛛沿着一根丝从天花板上坠下来，系住副主祭的头，然后又上去了。观察最敏锐的查理看到这种现象接二连三地发生，但是他假装没有看见。由于皇帝在场，教士也不敢用手把蜘蛛弄掉，更不知道是一个蜘蛛在害他，他以为不过是一只苍蝇弄得他发痒罢了。于是他读完了福音书，并完成了其余的祷告仪式。但是当他离开教堂的时候，他立刻开始发肿，一小时之内就死了。最谨
101 小慎微的查理既然曾经看到他的危险情况而未加以防止，就自认

为犯了杀人之罪,公开做了忏悔。

三十三　最光荣的查理的扈从人员中有一个教士,他在各个方面都是无与伦比的。人们对他所下的评论是从来不曾加诸世人之身的。人们认为,在宗教文学和世俗文学的知识方面,在宗教歌曲和节日歌曲方面,在诗的写作和表达方面,以及在声调的完美和他所给予人们的难以置信的愉快方面,他都超越全人类。(别人纵有优点,总为其缺点所抵消。)[①]例如立法者摩西由于上帝的训示而富于智慧,然而他却抱怨他“不是能言的人”,而是言辞迟缓,“拙口笨舌”,[②]因此,他派约书亚向祭司以利亚撒求问,[③]这位以利亚撒凭借着寓居于他体内的上帝的威权,甚至统治了日月星辰。虽然施洗者约翰充分证明了“凡妇人所生的,没有一个兴起来大过施洗约翰的”[④]一语,可是我们的主基督却不许他在尘世时显示奇迹。虽然彼得由于上帝的启示而与基督识面,并从基督接受天国
的钥匙,[⑤]可是基督却吩咐彼得尊敬保罗的智慧。虽然孱弱的妇 102
女也都多次参谒圣墓,可是基督却使他最钟爱的门徒约翰经受了巨大的惊恐,竟致不敢前往圣墓所在之处。

但是正如《圣经》所说:“因为凡有的,还要加给他。”[⑥]如果有人对于他所具有的戋戋微量知道其所自来,那么他将有所成就;但是如果他不知道是谁使他具有这些东西,或者纵然知道,而对于赠

① 括弧内系英译者增入以贯串前后文者。——译者

② 见《圣经·出埃及记》,第4章,第10节。——译者

③ 见《圣经·民数记》,第27章,第15—23节。——译者

④ 《圣经·马太福音》,第11章,第11节。——译者

⑤ 见《圣经·马太福音》,第16章,第19节。——译者

⑥ 《圣经·马太福音》,第25章,第29节。——译者

予者并不表示应有的感激，那么他将失去一切。正当这个奇异的教士友好地站在最光荣的皇帝身边的时候，他突然不见了。所向无敌的查理皇帝对于这样一件前所未闻而又难以置信的事变也为之惊得发愣，但是他在画过十字符号以后，就在教士原来站立的地方，发现一些东西，好像一块恶臭难闻的刚刚熄灭的焦炭。

**三十四**　光谈到皇帝在晚上所穿的曳地长袍，使我们忽略了他的行军打扮。古代法兰克人的服装和装备是这样的：他们的长筒靴子外面是涂金的，饰有三腕尺[①]长的花绦。缠在小腿上的皮带是红颜色的，他们腿上穿的缠在带子里面的亚麻布裤也是同一
103 颜色的，镶边很艺术。花绦绷在麻布衣服的上面，也绷在十字交叉的系腿带子的上面，时而在带子之外，时而在带子之内，时而在小腿之前，时而在小腿之后。除此之外，则是一件华美的亚麻布衬衫，再就是一条带扣环的剑带。长剑装在剑鞘里面，剑鞘外面有一层皮套，皮套外面还有一层用亮闪闪的蜡涂硬了的亚麻布套。

服装的最后部分是一件白色或蓝色的斗篷，形状像是连在一起的两个四方块；因此把它披在肩上的时候，前后两端可达脚面，而旁边却几乎不到膝盖。右手拿着一根苹果木的木杖，上面有整齐的棱节，坚实可畏。木杖上面安装着一个金制或者银制饰有图像的把柄。我本人很懒惰，比一只乌龟还迟钝，因而从来不到法兰克去；但是我在圣高尔修道院里看见过法兰克国王[②]，身穿上述那种服装，光彩夺目。

---

① 古代度名，指由肘至中指末端的长度。罗马 1 腕尺等于 44.36 厘米。——译者

② 指胖子查理，见上文第 18 节注①。——译者

但是人们的习惯是会改变的;当法兰克人同高卢人作战的时候,他们看到后者高傲地披着条纹的短氅,他们就抛弃了本民族的风俗,模仿起高卢人来了。最初,这位最严格的皇帝并不禁止新的习俗,因为它看起来更适合于作战,但是当他发现弗里西亚人在滥用他的恩准,以旧式的长大斗篷的价钱来出卖这种短小披氅的时候,他就命令除了旧日那种又长又宽的斗篷以外,谁也不许以平日 104
的价钱向他们购买任何东西。他还说:“这些小餐巾有什么好处?躺在床上,我不能用来蔽体,骑在马上,我不能用来御风雨。”

我在这本小书的序言里说过,[①]我将只根据三种来源。但是由于其中最主要的根据韦林贝尔特[②]在七天以前故去,今天(5月13日),我们这些遗孤和门徒要庄严地悼念他,因之这卷关于查理皇帝的虔诚和他对教会的护持的记录就写到这里为止,这些材料都系出自这位圣职人员韦林贝尔特之口。

下一卷是关于最勇猛的查理的战争的记录,是根据韦林贝尔特的父亲阿达尔贝尔特的口述写成。他曾追随主人克罗尔德参加对匈奴人、萨克森人和斯拉夫人的战争。当我还十分年幼,而他已极为老迈的时候,我就住在他的家里,他常常对我讲这些战争的故事。我非常不愿意听,常常要跑掉,但是最后他全凭强力,使我听了下去。

① 本书序言已佚。——译者

② 韦林贝尔特是与本书作者同时在圣高尔修道院修行的僧侣之一。其父阿达尔贝尔特系查理的妻舅克罗尔德的部下,曾跟随查理外出作战。韦林贝尔特从他父亲处听来的有关查理的轶事,成为本书作者的主要材料来源。——译者

# 105 第二卷　战争和功业

一　既然我将根据一个没有什么文字素养的世俗人士的口述来写这篇故事，我认为我最好先根据书本来叙述一些法兰克人早期的历史。当上帝所憎恶的尤利安[①]在波斯战争中遭受天诛的时候，不仅海外各省脱离了罗马帝国，而且邻近各省：潘诺尼亚、诺里库姆、里提亚，换言之，即日耳曼人和法兰克人或高卢人，也脱离了罗马帝国。后来，法兰克人（或高卢人）的国王的权力也因为杀害了维恩主教圣迪迪埃尔[②]和驱逐了最神圣的来宾科隆班和高尔[③]而衰微了。匈奴人[④]本来就时常侵犯法兰西亚和阿奎丹（即高卢
106 人和西班牙人），这样一来，他们就倾全力来犯，像一片横扫而过的烈火蹂躏了整片的土地，然后把全部战利品带到一个很安全的隐藏之地。我已经谈到过的阿达尔贝尔特对这个隐藏地方的特点，常常这样描述，他说："匈奴人的土地有九道圈子环绕着。"除了平

---

① 尤利安是罗马皇帝（361—363 年在位）。他信奉新柏拉图主义，恢复异教崇拜，故书中谓其为上帝所憎恶。他在对萨珊波斯的战争中负伤身死。——译者

② 即德西德里乌斯。曾任维恩主教，七世纪初为法兰克墨洛温朝国王提乌德里克二世所杀。——译者

③ 圣科隆班于 585 年偕十二僧侣自爱尔兰来法兰克，在孚日山建立修道院，后因触犯墨洛温朝廷，遭到放逐。科隆班后赴意大利，在该地建博比奥修道院。圣高尔是随来的僧侣之一，参见前注。——译者

④ 作者此处把匈奴人和阿瓦尔人混为一谈。——英译者

常做羊栏的柳条圈之外,我想不出什么圈子,因此我问:“老爷,你说的究竟是什么意思?”他说:“噢,就是被九道篱笆护卫起来的。”除了保护我们的麦田的篱笆之外,我想不出什么篱笆,因此我又问,他回答说:“一道圈子的宽广,也就是说,它所圈起的地面,就像都尔和康斯坦茨之间的地区那么大。它是用橡木、灰土和水松木造成的,宽和高各为二十尺。当中填满了坚硬的石块和富有黏力的黏土。这些庞大的壁垒表面上覆盖着草泥和青草。圈子范围以内种植着灌木,这种灌木经过砍伐和拗弯以后,仍旧可以抽枝发
叶。这些壁垒之间的村落和房屋布置得当,人们可以此呼彼应。107
房子对面,在这些不可逾越的墙壁上,到处设有不大的门,远近居民就从这些门里源源拥出,进行掠夺性的远征。第二道圈子跟第一道相像,距离第三道有二十条顿里(或四十意大利里)远,其余以此类推,直到第九道圈子。自然,在这一系列的圈子之中,每一道都要比前一道狭窄得多。但是各圈之内,每处的地产和房屋都有妥当的布局,使号角的声音能够把任何事情的消息从一处传到另一处。”

二百多年以来,匈奴人把位于这些壁垒以内的西方国家的财富一扫而空,由于哥特人和汪达尔人与此同时也正在破坏世界的安宁,西方世界几乎变成一片荒野。但是最不可战胜的查理却在八年之中把他们征服得几乎连一丝痕迹也没有留下。他对保加利亚人放松了手,因为在匈奴人覆灭之后,他们看来不致对法兰克人的国家有所危害了。他把在潘诺尼亚发现的匈奴人的掠获物全部
最慷慨地分给了主教区和修道院。108

二　在他曾亲自参加过相当长的一段时间的萨克森战争中,

两个部卒(我知道他们的名字,但是为了谨慎起见,我不说出来)组成了一个猛攻队,非常勇敢地破坏了一座极其坚固的城堡的城墙。最公正的查理看到这种情形,对于其中之一,在征得其主人克罗尔德的同意之后,委任为莱茵河和意大利阿尔卑斯山之间地区的长官;对另外一个也赐予了土地。

**三** 与此同时,两家贵族的子弟们担任着守护国王帐篷门口的职务。一天晚上,他们喝得酩酊大醉,躺在地上,好像死人一般;查理跟往常一样地警觉,他在营地巡视一周,回到自己的帐篷里,谁也没有发觉。天明以后,他召集国内的显贵们,问他们对于向敌人出卖法兰克国王的人应该处以什么惩罚。这些显贵丝毫也不知道发生了什么事,就说这样的人罪该处死。但是查理只狠狠地斥责了他们一顿,未加伤害,让他们走了。

**四** 他的身边还有某人侍妾生的两个庶出的孩子,由于他们
109 在战争中打得最勇敢,皇帝问他们是谁的孩子,出生在什么地方。他了解情况以后,在中午的时候把他们叫到他的营帐里去,他说:“我的好伙伴,我要你们服侍我,只服侍我一人。”他们高呼他们在那里没有其他目的,为他服务,哪怕是最低贱的职务都愿承担。查理说:“那好,你们必须在我的寝室里服务。”他们按捺住心中的怒火,口里说他们乐于这样做。但是他们很快就抓住皇帝已经开始睡熟的时刻,冲往敌营,在继之而来的战斗中,用他们自己的和敌人的鲜血洗刷掉服贱役的污痕。

**五** 但是这类事业并未阻止心地高尚的皇帝时常派遣使臣赍带书信和礼物,到最遥远地区的国王那里去;他们用当地所能出产的厚礼作为回敬。他从萨克森战争的战场上派遣使臣去见君士坦

丁堡的国王,国王问使臣们“他的儿子查理”的国家是处于和平状
态还是正在经受相邻的种族的侵扰。领衔的使臣回答说除了一个
叫做萨克森人的种族不时侵扰法兰克人的领土以外,处处都是升 110
平景象。于是怠惰而不好打仗的希腊国王回答说:“啐!对一个既
没有声望,又没有勇气的小小敌人,为什么我的儿子要找这样大的
麻烦呢?我一定要把萨克森族及其所属的一切给你们。”当使臣回
来把这番话告诉给最尚武的查理的时候,查理笑笑,说道:“如果国
王给了你一副用于长途旅行的裹腿,那倒是对你表示了更多的好
意。”

六　我可绝对不能把这个使臣出使希腊的时候所作的聪明的
回答秘而不宣。秋天,他和同行人员来到一个皇家城镇。他们分
散开来接受款待。我所讲的这位使臣被分配给某个主教。这个主
教专心致志于斋戒和祈祷,让这位使臣几乎是不断地挨饿,快饿死
了。但是,等到阳春初回,主教就把使臣送到国王那里去了。国王
问他对主教有什么意见。使臣从心底里长叹一声,说道:“您的那
位主教达到了毋需上帝而可致的神圣的顶点。”国王感到惊奇,说
道:“什么!一个人毋需上帝就可致神圣吗?”于是使者说道:“《圣 111
经》里说:‘上帝就是爱’,[①]而这种美德他是完全缺乏的。”

于是君士坦丁堡的国王请他参加宴会,把他安排在显贵们中间。他们有一项惯例:国王筵席上的宾客,无论是本国人或者外国人,都不得把零整的肉肴翻转过来,他只能吃摆在面前的菜肴的上面那部分。现在,一盘上面覆有香料的河鱼端了上来,摆在他的面

① 《圣经·约翰一书》,第4章,第16节。——译者

前。他根本不知道这种风俗，把鱼翻转过来，于是全体显贵起身喊道：“陛下，您遭到了侮辱，在您以前从来不曾有过一个国王遭到这般侮辱。”国王叹息着，对我们那位使臣说：“我不能够拒绝他们，你必须立即被处死。但是你可以向我请求任何你所希冀的恩惠，我一定应允。”他想了一会，然后在众耳倾听之下说出了这些话：“皇帝陛下，遵照您的诺言，我请您答应我一桩微小的祈求。”国王说：“愿意请求什么，就说什么，你将得到满足；只是我不能够给你生命，因为这是违反希腊人的惯例的。”于是使臣说道：“在我一息尚存的时刻，我祈求一项恩惠：让每一个看见我翻转那条鱼的人都挖
112 去眼睛。”国王对这个条件大吃一惊，他以基督的名义宣誓说他什么也没有看见，只不过听信了别人的话。接着王后也为自己开脱：“仁慈的圣母圣马利亚在上，我什么也没有看见。”其他贵族为了免除这种危险，于是一个以天国钥匙掌管者的名义，另一个以异教徒的使徒的名义，其余的人则以天使们和大批的圣徒们的名义，宣誓说他们不属于这项条件所指的范围之内。这样，这个聪明的法兰克人就在希腊人的本土上战胜头脑空空的希腊人，平平安安地返回故土。



几年以后，不疲倦的查理派一个以体力和智力的禀赋著称的主教到希腊去，同行者是最高贵的雨果公爵。耽搁许久之后，他们终于被领去觐见国王，接着被送往各种各样的地方。最后，在为海陆旅行付出重大代价之后，他们被打发回来了。

不久之后，希腊国王派人出使到最光荣的查理这里来。上述的主教和公爵刚巧正在皇帝身旁。当宣布说使臣们行将到来
113 的时候，他们建议最聪明的查理让人引导他们在山脉和沙漠中

间兜圈子，这样，让他们在衣服穿破，钱财花光的时候才来晋见皇帝。

果然这样做了。当他们终于来到的时候，主教和他的那位伙伴嘱咐司马官坐在下属中间的一个高高的宝座上，这样，就不可能认为他是低于皇帝的人。使臣们见到他，就俯伏在地，要参拜他，但是他们被大臣们止住，只得继续前进。后来他们看见宫伯正在主持贵族们的集会，又以为他是皇帝，便又俯伏在地。但是在场的人享以老拳，轰赶他们前进，并说：“那不是皇帝。”接着他们看到御膳长，身边围着一群高贵的侍者，他们又以为是皇帝，重又伏倒在地。他们从这里被赶走以后，又看到皇帝的管事人员同他们的首脑在一起议事，他们确信是来到了全人类中第一号人物的面前。但是这个人也否认他是他们所认为的人物，不过他答应利用他在

宫廷贵族中的势力，如果可能的话，使他们可以到最威严的皇帝面 114

前去。之后，御前侍臣走来以全套礼仪引导他们。这时，最仁厚的国王查理正倚着海托主教，站在一扇窗口旁边，海托就是曾经出使到君士坦丁堡去的那位主教的名字。皇帝周身都是金珠宝石，光辉四射，有如初升朝日。站在他周围的，有三个好似天国骑士一般的青年，这就是他的业已成为国家共治者的几位皇子；①有他的女儿和她们的母亲，她们既聪明美丽，又珠环翠绕；有教会首脑，他们的庄严和道德举世无匹；有修道院院长，他们以出身高贵和圣洁著称；有众贵族，他们犹如出现在吉甲营地的约书亚一般②；还有一

① 三个皇子是查理(死于 811 年)、丕平(死于 810 年)和路易(虔诚者)。——英译者

② 见《圣经·约书亚记》，第 5、6 章。——译者

支军队，他们就像会把叙利亚人和亚述人逐出撒玛利亚的战士似
的[①]。因此，如果大卫在场的话，他很可能会唱：“世上的君王和万
民，首领和世上一切审判官，少年人和处女，老年人和孩童，都当赞
美耶和华[②]。”因此，希腊人的使臣们十分惊愕，他们精神涣散，勇
115 气消失，无声无息地晕倒在地。但是最仁慈的皇帝把他们搀扶起
来，试图用鼓励的词句安慰他们，最后，他们苏醒过来。但是当他
们一看到一度遭受他们的轻视和拒绝；而现在又这等荣耀的海托
的时候，他们又吓得匍匐在地，直到国王以上帝的名义宣誓不加害
于他们的时候，他们才又站立起来。听到这项诺言，他们鼓起勇
气，带着略微多一点的信心开始行动起来。他们就这样地转回国
去，从此不再来了。

**七**　我在这里必须重复地说，最负盛名的查理在所属的各个
部门里都拥有最聪明的人才。主显节[③]以后的第八天，当早祷的
赞美诗在皇帝面前演唱以后，希腊人暗暗地走向前来，用本族的语
言向上帝歌唱赞美诗，曲调相同，主题跟我们的弥撒书里的“古代
的人”及其后面的字句一样。于是皇帝命令一个通晓希腊语的宫
廷教士把那首赞美诗的拉丁文歌词也配上这个曲调，同时让他特
别留意使单个的音节跟每一个音符相吻合，以便使拉丁语和希腊
语就两者性质所许可的范围彼此尽量接近。结果两种歌词用的是
116 相同的韵律，只有一处把“毁灭”易为“威吓”。



① 撒玛利亚是以色列王国的首都，公元前772年为亚述国王萨尔贡二世攻陷，以色列遂亡。萨尔贡将国内其他地区居民迁徙到撒玛利亚。——译者

② 《圣经·诗篇》，第148篇，第11、12节。——译者

③ 1月6日为主显节。——译者

这些希腊使臣带来了各种样式的风琴以及各种其他乐器。最明智的查理的工匠们暗地里观察了所有这些器物,并且精确地加以仿制。仿制品中最主要的是乐师用的风琴,它的巨大的外函是黄铜制的,风箱是牛皮制的,空气从黄铜管子里通过,发出的低音就像雷鸣一般,而甜美之处又与竖琴和铙钹的清音相媲美。但是我在此时此地可不能述说它放置在什么地方,经历了多少时间,以及如何在国家多难的时刻它也化归乌有了。

八　大约与此同时,波斯国也派来使臣。他们不知道法兰克国家在哪里;但是由于罗马的声名远扬,而他们又知道罗马归查理统辖,因此当他们得以到达意大利海岸的时候,他们就认为这是一件大事。他们向坎帕尼亚、托斯卡纳、埃米利亚、利古里亚、勃艮第和高卢等地的主教们,以及这些地方的修道院院长和伯爵们解释旅行的缘由,但是他们不是遭到这些人的蒙骗,就是实际上为他们
所驱逐;因此,当他们因长途跋涉而浑身疲劳、两足疼痛,最后终于 117
来到阿亨,晋见德隆望重的查理国王的时候,已经是整整一年过去了。他们是在四旬斋的最后一星期到达的。皇帝获悉他们到来的消息后,一直延迟到复活节前夕方才召见。为了庆祝这个头等重要的节日,无与伦比的君主装饰得无与伦比地堂皇富丽。他命令把那个一度威震全球的种族的使臣们引进来。可是当他们一见到最庄严的查理时,他们竟然如此惊恐,以致人们可以认为他们似乎从来不曾看见过国王或皇帝。然而查理却最和蔼地接待他们,并且赐给他们一种特殊待遇,他们甚至可以像他的孩子一样地想去哪里就去哪里,察看任何事物,提出他们所要问的任何问题。他们对于这种恩赐高兴得跳了起来,他们认为如果能够接近查理,注视

他，崇敬他，那么这种殊遇比整个东方的财富还要值钱。

他们走上环绕大教堂正厅的回廊，向下俯视教士和贵族们，然
118 后回到皇帝那里。由于高兴已极，他们情不自禁地大笑起来，拍着手说："从前我们只见过泥人，这里的人是金人。"然后他们走到贵族那里，挨个观看，惊异地注视着他们所不熟悉的武器和衣服；然后又回到皇帝那里，更加惊异地注视他。当天晚上和第二天（星期日），他们一直是在教堂里度过的；在最神圣的节日的当天，最慷慨的查理邀请他们同法兰克贵族和欧洲贵族一道参加盛大宴会。在宴会上，他们对每件事物都感到惊奇，以致直到席终他们简直没有吃下什么东西。

"当清晨女神离开提通努斯[①]的床榻，

大地上就燃起了费布斯[②]的火把。"



于是，那位从来不能容忍懒散和怠惰的查理便到树林里去猎取各种野牛，他准备带着波斯使节一同前去，但是当他们看到那些庞然大物的时候，他们就惊慌万状，转身逃跑了。但是大无畏的英雄查
119 理骑着一匹气概神骏的战马，驰近一只这类的野兽，拔出佩剑，打算刺穿它的脖子，可是他没有击中。这只庞大的野兽扯裂了皇帝的靴子和腿带，它的角尖还轻微地划伤了他的腿肚子，使他有点瘸了。之后，野牛由于一击未中而怒发如狂，逃到一个遍布树木、石头的山谷里藏了起来。几乎所有的随从都打算脱下自己的长袜，让给查理，但是查理拒绝了，他说："我想就这样去见希尔迪加尔

① 提通努斯是希腊神话中清晨女神伊奥斯的丈夫。——译者

② 费布斯是太阳神阿波罗的绰号。——译者

德。”接着,瓦林(即迫害您的保护者圣奥特马尔的那个瓦林)的儿子伊散姆巴尔德追向那只野兽,他不敢过于接近,就投出长矛,从肩胛和气管之间刺中野牛心脏,然后把还有热气的野牛带到皇帝面前。皇帝对于这件事情好像没有注意,只是把死牛交给从人,就回去了。然后他召请皇后前来,让她看他腿上什物被撕破的情况,并说:“把我从这样伤害我的敌人那里解救出来的人应该受到什么
报酬?”她回答说:“他应该受到最高的奖赏。”接着皇帝讲述了全部 120
经过,并且取出野兽的巨大的角来证实他说的不假。于是皇后捶胸叹气,并掉下眼泪。但是当她听说把皇帝从这个可怕的敌人那里解救出来的人是那个失宠于皇帝并被剥夺一切官职的伊散姆巴尔德时,她就伏在皇帝脚下,劝他把自伊散姆巴尔德所褫夺的一切都还给他;伊散姆巴尔德还额外得到一大笔赏赐。

这些波斯使臣给皇帝带来一只象、许多猴子、香脂、松香、各种膏药、香料、香水和多种药材,其数量之繁多,就好像是为了把西方填满而把东方搜括得空空如也。不久,他们和皇帝相处得十分融洽。有一天,他们的情绪特别愉快,并且由于喝了烈性啤酒而有些冲动,于是诙谐地说道:“皇帝陛下,您的权威诚然伟大,但是比起流传于东方各国的关于这方面的报道来却要小得多。”听到这话,他隐藏起深刻的不悦,并且戏谑地问他们:“孩子们,你们为什么这样说呢?这个想法是怎样进入你们的头脑之中的呢?”于是他们从头讲起,告诉他他们在大海彼岸地方所遭遇的每一件事。他们说:
“我们波斯人和米太人、亚美尼亚人、印度人、帕提亚人,依兰人以 121
及所有的东方居民对您比对我们自己的统治者诃论要畏惧得多。还有马其顿人和所有的希腊人——我们怎样说才好呢?——他们

对于您的凌驾一切的伟大开始感到的畏惧，超过了对爱奥尼亚海的波涛的恐惧。我们一路上经过的所有岛屿上的居民对您都是倾心归附，而且是矢诚执役的，就好像他们曾经在您的宫廷里受到抚育，并且深荷您的恩泽似的。但是，就我们看来，您本国的贵族，除非是在您的面前，对您是不甚敬重的，因为当我们作为远客来到他们那里，并且请求他们出于对我们打算晋见的您的敬爱，给我们一些照顾的时候，他们对我们毫不在意，反而把我们两手空空地打发出去。”于是，皇帝把使臣们所经过地方的伯爵和修道院院长们从他们主管的职位上全部罢黜，并且罚了主教们大量的款项。然后他下令把那些使臣以最大的照顾和荣典遣送回国。

**九**　另外来的还有阿非利加人国王的使臣，携来一头马尔莫拉狮子和一头努米底亚熊，西班牙的铁和推罗的紫红颜料，以及其
122 他当地著名物产。最大方的查理鉴于阿非利加的国王和全体居民经常厄于贫困，因之，他不仅是这一次，而且是整整一生中，把欧洲的财富、谷物、油、酒作为礼物赠给他们，还给予他们慷慨的援助，因而使得他们经常对他忠顺服从，并从他们那里接受大量的贡品。



不久以后，这位不知疲劳的皇帝向波斯人的皇帝赠送西班牙出产的马匹和骡子，白灰红蓝各色的弗里西亚的袍服，他听说这些东西在波斯是罕见而珍视的。他还送去波斯国王所企望的极其敏捷而凶猛的狗，用来猎捕狮虎，波斯国王对于其他礼品只是略一过目，却向使臣们询问这些狗习惯于跟什么野兽搏斗。使臣们告诉他说，不论驱向什么东西，它们都能把它迅速掩翻。国王说道：“很好，经验将会证明这点。”第二天，人们听到牧人在躲脱一头狮子时的大声喊叫。当声响传入国王宫廷的时候，他对使臣们说道：“我

的法兰克朋友们,现在跨上你们的马,跟随我来。”于是,他们赶忙 123
跟随着国王,就像从来不知道辛苦或疲劳似的。当他们看到这只狮子的时候,尽管还隔着一段距离,这位波斯的众臣之主对他们说道:“现在放出你们的狗去扑狮子。”他们遵命,踊跃地奔驰前去。日耳曼狗捉住了波斯狮子,使臣们用剑杀死了它,这种剑是用北方的金属制成的,曾为萨克森人的鲜血淬炼过。

对此景象,诃论,这一称号的最勇敢的继承者,从一些细小的迹象中认识到查理的无上威力,因之他称赞道:“现在我可知道我所听到的有关我的弟兄查理的一切都是真实的:他是怎样由于经常演习狩猎,坚持不懈地锻炼身心,因而养成制伏天下万物的习惯的。对于他所赐给我的荣誉,我怎能作出相应的报答呢?要是我把这块曾经约许给亚伯拉罕,并曾经赐赠给约书亚的土地[①]赠送给他的话,由于路途这样遥远,他也很难保住它免于蛮族的侵袭;如其不然,虽则他是一位胆识过人的君王,要想尽力来保卫它,我也深怕那些位于法兰克王国边境上的省份会起来叛离他的帝国。
但是我深愿以这种方式来表示我对他的厚施的谢忱。我愿把这片 124
土地置于他的权力之下,我作为他的代表来统治这块地方。无论什么时候,只要他高兴,或者是有适当机会,他派遣使节到我这里来,他将发现我是这个省份的税收的忠实管理者。”

这样一来,诗人用来描述子虚之事的词句竟然变成了现实:

“阿拉尔之流兮,[②]迎帕提亚人之目;

① 典出《圣经·创世记》,第15章,第18节;《约书亚记》,第1章,第4节。——译者

② 阿拉尔河即索恩河。——英译者

底格里斯之波兮，濯日耳曼人之足。”

由于精力最充沛的查理的努力，使他的使臣的往还不仅成为可能，而且十分方便；而诃论的信使，不论老少，往还于帕提亚和日耳曼之间也颇便利。（不论那些语言学家们对“阿拉尔之流”作何解释，也不论他们认为它是罗纳河的还是莱茵河的支流，诗人的话都是正确的；因为语言学家们由于对方位的无知，在这一点上已然陷于混乱。）我可以举出日耳曼的情况来证实我的话；因为在您的显赫的父亲路易的时代，每亩依法持有的土地必须交纳一个便士，作为
125 拯救圣地上的被俘囚的基督徒之用；而他们正是利用了您的曾祖查理和您的祖父路易当年对该地所握有的主权的名义提出这种不幸的呼吁的。

十　现在颂扬您的永远赞美不尽的父亲[①]的机会既然已经到来，我愿意回溯一些带有预言性的话，众所周知，这些话是最聪睿的查理指您的父亲而言的。当他只有六岁，正在他父亲的府邸里受到最周到的抚养的时候，他就被认为（而且正该如此）比六十岁的人还要聪明。那时候，他父亲认为简直不太可能把他带去参谒他的祖父，然而，他把他从最慈爱地抚育他的母亲身边领来，并且开始教导他如何在皇帝面前行动合度而又谦恭谨慎，如何回答被垂询的问题，并且在一切事物上对他的父亲表示敬意。然后，他带他去到宫廷。就在当天或者是第二天，皇帝满有兴致地看到他站在群臣之中。他问他的儿子：“那个小家伙是谁？”他回答说：“陛

① 指日耳曼人路易。他是虔诚者路易之子，胖子查理之父，于 843—876 年任东法兰克国王。——译者

下，他是我的；如果您不嫌弃的话，也是您的。”于是皇帝说：“把他
送到我这里来！”小孩送过去之后，他就把这个小家伙拉在手里，吻 126
他，然后把他送回原来站立的地方。但是这时他明确了自己的身
份，并且认为如果站在任何身份低于皇帝的人之下，就是一种耻
辱，因此，他完全泰然自若地就了位——一个与他父亲的地位完全
相等的位置。最有预见性的查理注意到这点，就招呼他的儿子路
易，让他查明这个孩子是什么名义，他为什么这样行动，是什么原
因使得他竟然大胆到敢于同他的父亲分庭抗礼。路易得到的答复
是具有充足的理由的，他说：“过去我是您的附庸，我有义务站在您
的背后和跟我同级的战士中间；但是现在我是您的盟友和战侣，因
之我合理地要求跟您平等。”当路易把这话报告给皇帝的时候，后
者说了一些类似这样的话：“如果小孩长命的话，一定会有出息。”
(这话是我从圣安布罗斯[①]传里借用来的，因为查理所说的原话无
法直接译成拉丁文字。而且把为圣安布罗斯所作的这项预言引用
到路易的身上也是十分公允的，因为除了那些世俗政权所不可缺
少的方面，例如婚姻和用武而外，路易跟那位圣者是十分相像的； 127
并且，如果可以这样说的话，在国家权力和宗教热诚方面，路易还
超过圣安布罗斯。他是一心崇奉上帝的天主教信徒，也是基督的
仆人们的永不倦怠的同盟者、保护者和捍卫者。

举一个这方面的例子。我们的虔诚的修道院院长哈尔特穆特——他现在是您的一位受布施者——向他陈述圣高尔修道院的

① 安布罗斯(约 337—397 年)出身于罗马贵族，曾任米兰主教，对当时政治有很大影响。他的著作很多，对异端攻击甚厉。——译者

来自私人的微小捐献而非出自皇家慷慨施赠的菲薄产业，不像其他修道院那样受到特许敕书的庇护，甚至没有受到对一切人一视同仁的法律的保护，因而无法得到保卫者和辩护人；当时，路易国王亲自反击了一切反对我们的人，并且当着所有贵族之面，当之无愧地宣称他自己是我们软弱无力的修道院的保护人。与此同时，他还写了一封信给贤明的您，指示说，在经过特定的表决之后，我们可以凭靠您的权威申请我们所需求的东西。哎！我是一个什么样的蠢人啊！我可能是出于对他施与我们的殊恩的私人感激，却离开了他的普及而又难以描述的仁慈、伟大和崇高方面太远了。）

128 十一　统辖全日耳曼，里提亚、古法兰西亚、萨克森、图林根、潘诺尼亚诸省和北部诸部族的国王兼皇帝路易，身材魁梧，仪容俊雅，目若朗星，声音洪亮。他的智慧十分出众，他又经常运用他敏锐非凡的才智研读经籍，来增进智慧。他在预料或破除敌人的诡计，平息臣民的争执，为忠顺于他的人获取各种利益等方面，也显示了惊人的机智。他日益为王国周围的异教徒所畏惮，在这方面他甚至超过他的先人。他应该交上他的好运，因为他从来不宣判罪刑，以免玷污他的舌头；也从来不溅基督教徒之血，以免玷污他的双手，只有一次例外，但在当时确属绝对必需。可是在我看到您的身旁站着一位小路易或查理以前，[①]我是不敢述说那件故事的。自从那次诛戮之后，任何事件都不能促使他对任何人宣布死刑。他对那些被指控为不忠或图谋不轨的人所采用的强制手段仅仅如



① 胖子查理无子，故云。他有两弟，一名卡洛曼，任巴伐利亚王；一名路易，任萨克森王。——英译者

下：他斥革他们的职位，不论是环境的变迁或者是时间的推移都不
能使他回心转意，从而使他们恢复从前的品级。他在祈祷的热诚，129
虔敬的斋戒和为上帝执役的小心谨慎方面都是超越众人的；并且
像圣马丁那样，无论做什么事，他都向上帝祷告，就如同他和上帝
是对面相处似的。在某些日子里，他屏绝肉食和一切美味可口的
食物。在连祷的期间，他经常跣足跟随十字架从皇宫一直走到教
堂，如果是在雷根斯堡的话，他一直要走到圣黑梅拉姆[①]教堂。在
其他地方，他遵从同他在一起的人们的习惯。他在法兰克福和雷
根斯堡兴建了工艺精巧的新礼拜堂。在后一个地方，由于石头缺
乏，不足以完成这项巨大的工程，他下令拆毁城墙；在城墙的一些
洞穴中，人们发现了陈久的死尸，尸体用金子装裹，其金子之多，不
仅足够用来装饰礼拜堂，而且他还用来为一些记述这件事情的书
籍装配上厚约一指的函匣。任何一个教士要是不会阅读和歌唱圣
诗，就不能同他相处，甚至不能来到他的面前。他蔑视那些违犯自
己的誓言的僧侣；敬爱那些遵守誓言的人。他天性温和，总是欢
笑，假设有人怀着愠怒的情绪来到他那里，只消看见了他，再同他 130
交谈数语，这位客人就会精神振作地离去。如果有谁在他面前干
了邪恶或愚蠢的事；或者是凑巧有人告诉他这些事，只消他眼光一
瞥，就足以阻止一切事情；因此，除了世俗人士通常所赋有的秉性
以外，还可以公平地认为那段描述善于观察人心的永世审判者的
话(即："王坐在审判的位上，以眼目驱散诸恶。"[②])在他的身上已

① 亦名埃梅兰，七世纪时任法兰克教区主教。雷根斯堡有一个教堂以他命名。——英译者

② 《圣经·箴言》，第20章，第8节。——译者

经开始萌芽。

所有这些，我都是离开正题写的，我希望：如果上天肯发慈悲，假我以年，我就可以在将来写出更多关于他的东西。

十二　我必须书归正传。当查理由于许多宾客的到来，由于尚未征服的萨克森人的敌对行动和由于北欧人和摩尔人的抢劫和海上掠夺行为，而在阿亨稍事勾留的时候，当对匈奴人的战争正由他的儿子丕平指挥着的时候，北方的蛮族进攻诺里库姆和东法兰克地方，并且蹂躏了大部分地区。当他听到此事，他亲身去折辱他们，并且命令所有侵略者的童稚都要“用刀剑来量过”，谁要是超过
131 了尺寸，就把头颅截去。

这一事件导致了另一件更为重大的事件。因为，当陛下您最圣明的祖考逝世的时候，某些权贵人物（他们正像《圣经》所告诉我们的那样，系出于塞特诸子而诞育于该隐诸女）[①]狂妄自大得和那些说“我们与大卫无分，与以扫的儿子无涉”[②]的话的人完全相像。可以说，这些有权势的人完全无视查理最高贵的子孙，每一个人都想把统治王国的权力夺到自己手里，为他们自己戴上王冠。之后，有些中间等级的人受到上帝启示的感召而宣称，既然威名远扬的查理皇帝曾经用刀剑量过基督的敌人，因此，只要他的任何一个子孙能够长到刀剑那样高的话，他就应当治理法兰克人，也治理整个的日耳曼。于是谋叛者组成的魔鬼集团就像是遭到雷击一样，四散奔逃了。

---

① 《圣经》中该隐和塞特都是亚当和夏娃的儿子，是人类的祖先。典出《创世记》，第 4、5 章。——译者

② 《圣经·撒母耳记下》，第 20 章，第 1 节，经文中以扫作耶西。——译者

但是，在征服外部敌人之后，查理在一次图谋未遂的重大阴谋案件中遭到自己人的攻击。在从斯拉夫人那里回到本国的时候，
他几乎被他的儿子俘获和害死，这个儿子为一个侍妾所生，他的母 132
亲给他起了一个曾为最光荣的丕平所御用过的不祥的名字。这个阴谋是在下列的情况下被揭穿的。查理的这个儿子召集贵族在圣彼得教堂聚会密谋害死皇帝。他们讨论完毕以后，他看见阴影就疑神疑鬼，命令进行搜查，看看有没有人隐藏在墙角或祭坛之下。看哪！正如他所惧怕的那样，他们发现一个教士藏在祭坛底下。他们抓住了他，并且要他发誓决不泄露他们的阴谋。为了逃脱性命，他不敢不按照他们的吩咐发誓。但是，等他们走了以后，他就毫不在乎那个不正道的誓言，立刻赶赴皇宫。他经历了极大的困难通过七道紧闭的重门，最后来到皇帝的寝室，叩击房门。最警惕的查理深为惊讶，深夜之间居然有人敢惊动他，这是谁呢？然而，他命令随从人员中侍奉皇后和公主的女侍出去看看谁在门口，他要干什么。当她们走出来，看到这个卑贱的人物时，她们就当着他的面插上了门，然后纵声大笑，用衣襟捂着嘴，设法躲进房间的角
落。但是，这位洞察天下，孑细靡遗的最英明的皇帝严厉地查问那 133
些女侍究竟是谁在门口，他需要什么。当他听说是个身着一衫一裤，面皮光净、半傻半疯的无赖请求立即召见的时候，他就命令让他进来。于是他跪伏在皇帝脚下，陈述一切经过。因此，那些全然不曾想到危险的谋叛者就在天亮后第三时以前全部被捕，而且罪有应得地被判处流放或其他刑罚。矮小而伛偻的丕平本人痛遭鞭笞，剪去长发，在一个时期内被送进圣高尔修道院，以示惩罚，圣高尔修道院在皇帝的全部辽阔领土上被算作是最清贫和最严格的一

所修道院。

不久以后，有些法兰克贵族图谋作乱，反对国王。查理十分了解他们的意图，但是还不肯消灭他们，因为只要他们肯于效忠的话，他们还可能是一支保卫全体基督教人民的强大力量。因此，他派遣使者到这个丕平那里去，征询他对这件事的意见。

他们发现他正在修道院的园子里，和一些年长的僧侣在一
134 起，而那些比较年轻的僧侣则缠身于他们的工作。他正在用一
把锄头挖荨麻和其他杂草，使那些有用的植物得以更茁壮地成长起来。他们向他说明来意以后，他从内心深处长长地叹了一口气，并且回答说："要是查理认为我的意见值得采纳的话，他就不该这样苛刻地对待我了。我没有意见给他。去，就告诉他你们看见我在干什么。"他们没有得到确切的答复，不敢回到可畏惮的皇帝那里去，于是一遍又一遍地问他把什么信息带给他们的君主。最后他含怒说道："除去我干的活之外，没有什么信息带给他！我在掘除无用的野生物，好使有价值的植物得以更自由地成长。"

于是，他们忧伤地离去，认为他们带回去一个糊涂的答复。当皇帝在他们到达以后询问带来什么答复的时候，他们忧伤地回答说，在长途跋涉备尝辛苦之余，他们完全没有得到肯定的信息。于是那位最聪睿的国王仔细地询问他们：在哪里看到丕平，他正在干
什么，他给了他们什么答复。他们回答说："我们发现他坐在一张
135 粗糙的凳子上，用一把锄头在翻菜园的土地。当我们告诉他此行
的目的之后，尽管苦苦哀求，也未能得到旁的答复，只有这样一段话：'除去我干的活之外，没有什么信息带给他！我在掘除无用的

野生物，好使有价值的植物得以更自由地成长’。”这位不乏机智而富于聪慧的皇帝听了之后，摸摸耳朵，擤擤鼻孔，说道：“我的好臣子，你们带回来了一个很有道理的答复。”由此可见，正当使臣们害怕会有生命危险的时候，查理却能领会这些话的真正含义。他把所有那些阴谋者从人世除掉，从而为忠顺的臣民腾出成长和发展的余地，这些地方以前曾为那些无益的仆人盘踞着。他的一个敌人先前在图谋瓜分帝国时打算把法兰克最高的山和站在山上目光所及之地据为己有，这时查理下令，就在那座山上的一个高高的绞架上把他绞死。但是他让他的庶子丕平自由选择他最喜欢的生活方式。当这项特许被颁赐给丕平的时候，他在一个当时最为崇高、今日已经残破的修道院[①]里选择了一个职位。(有谁不知道它毁坏的情况呢！但是，直到我看见您的小伯纳德在腰间悬起佩剑以 136
前，我不打算述说关于它衰落的故事。)

当宽宏大量的查理被迫外出对外族作战而这一功业却只消他的一个贵族就可以完成的时候，他往往会为此发怒。我可以从我的一个邻人的行动中说明此点。有一个叫做艾斯黑尔的图尔高[②]人，正如他名字的含义一样，“勇冠三军”[③]，并且身材生得如此高大，要不是亚衲族人[④]生活的时代那样古老，居住的地区那样遥远的话，真会让人以为他是出身于这一族似的。每当他

① 指普鲁米亚修道院，它于882年遭到北欧人的破坏。——英译者

② 图尔高在今瑞士。——译者

③ 艾斯(Eis)意为“可怕”，黑尔(here)意为“军队”，合起来意为“可怕的军队的重要角色”。——译者

④ 《圣经》中住在迦南南部的巨人，为以色列人所灭。见《约书亚记》，第11章，第21节。——译者

来到杜拉河边，发现由于山洪暴发河身上涨，波浪汹涌，不能促使他的高大的战马进入溪流时（虽然它不应该称作溪流，而应该是几乎不曾融解的河冰），他总是抓住缰绳，迫使战马在他身后游了过去，并说：“唔！凭着圣高尔的名义，不管你愿意不愿意，你总得过来。”

这个人追随皇帝扫平波希米亚人、维尔齐人和阿瓦尔人，就像人们刈割干草一般，他把他们当做鸟一样地穿在长矛上。他归故里以后，有些懒汉问他在维尼德人的地方过的怎样，他对一些人是
137 轻视的，对另一些人是有气的，答道：“我怎么应该受到那些蝌蚪们的麻烦呢？有时候，我往往把他们七、八、九个穿在我的长矛上，随身携带，这些人还用他们的听不清的话哇哇乱叫呢。为了同那些像虫蛆一样的东西作战而让我的国王陛下和我自己受累，是绝不应该的。”

**十三**　大约与此同时，正当皇帝要将对匈奴人的战争作一结束，并且已经接受我刚刚提到的各族人投降的时候，北欧人离开了他们的本土，严重地骚扰着高卢人和法兰克人。于是不可战胜的查理挥师回援，设法由陆路从一些行走艰难又不为人所知的地方行军，直捣他们的本土。但是，也不知道是由于上帝有意阻挠，以便像《圣经》所说的那样，他可以试验一下以色列人；[①]还是由于我们自身的罪愆的妨碍，他的一切努力都化归乌有了。一天夜里，估计有属于某个修道院的五十对牛由于急症突然死亡，使得全军深

① 典出《圣经》，耶和华为以色列人留下几族敌人，来试验他们。见《士师记》，第2、3章。——译者

感不安。后来,当查理在他辽阔的帝国各处进行一次漫长的巡行
的时候,北欧人的国王戈特夫里德由于他的外出而壮起胆子,侵入
了法兰克国土,并且选定摩泽尔河地带作为他的驻地。[①] 但是,有
一次,戈特夫里德正在把他的鹰从一只苍鹭的身上拉开的时候,他 138
的儿子(他刚刚抛弃了这个儿子的母亲而另娶新妇)把他捉住,拦
腰一剑把他刺死。于是,就像当年赫洛斐尼斯[②]被杀时所发生的
情形一样,再也没有一个北欧人敢于信赖自己的胆量和自己的武
器,大家都逃活命去了。这样,法兰克人自己毫未费力就解除了威
胁,因之他们也就不至于像以色列人那样,吹嘘自己而触犯上帝
了。[③] 于是,未尝战败而不可征服的查理对上帝的裁判颂扬备至,
但牢骚却发得很厉害;说所有的北欧人由于他没在都逃脱了。他
说:“上帝认为我不配看到我这基督徒的双手沾染上这帮狗头恶魔
的鲜血,我真伤心!”

**十四** 另外恰巧有一次,查理在他的巡游中出乎意料地来到
纳尔榜高卢[④]的某一个沿海城市。当他正在这个城市的港口从容
进餐的时候,突然有些诺曼人的前哨兵卒发动海盗式的侵袭。当
船只在望的时候,有人认为他们是犹太人,有人认为是些阿非利加
或不列颠的商人,但是最聪睿的查理根据来船的构造和速度,看出
他们不是商人而是敌人,就向他的扈从们说:“这些船只不是满载 139

① 北欧人从来不曾在摩泽尔河两岸长期盘踞。——英译者

② 赫洛斐尼斯是新巴比伦王尼布甲尼撒的将领,为犹太女郎尤迪特杀死于军营之中。——译者

③ 据《圣经·士师记》,第2章;以及《旧约》其他各卷有关章节。耶和华屡次庇护以色列人,以色列人贪天之功,触怒耶和华。——译者

④ 纳尔榜高卢是古罗马行省名,在今法国南部沿地中海地区。——译者

着商品，而是充塞着我们最凶狠的敌人。”他们听到这话，就争先恐后地疾速驰向来船。但是一切都是白费力气，因为当北欧人听说他们常常称之为“铁锤”的查理正在那里，他们深怕他们的船队会被击退，甚或被打得粉碎，就赶紧撤退，逃之奇速，使他们不仅逃脱了追赶者的刀剑，甚且逃脱了他们的视线。最为虔敬、正直而热诚的查理已经从桌子旁边站起来，正伫立在东面的窗口前。在一段长时间里，他洒下了无比珍贵的眼泪，没有人敢对他说一句话。但是最后，他用这些话来向贵族们解释他的行动和落泪的缘故：“我的忠实的臣仆们，你们知道我为什么这样悲伤地哭泣吗？我并不害怕这些微不足道的恶棍会对我有所伤害，但是一想到甚至当我还活在世上，他们就敢于触犯这片海岸的时候，真使我凄然于怀；而在预计他们对于我的子孙及其臣民会造成何等灾害的时候，就更使我忧伤欲绝了。”



愿我们主基督的护佑能够阻止这项预言的实现，愿您的已经由北方人的鲜血淬砺过的宝剑制止这件事情的发生！您的兄弟卡洛曼的宝剑是会起作用的，这把剑现在搁置得闲散而生锈了，倒不
140 是由于缺乏志气，而是由于缺少财源，因为您的最忠实的臣仆阿尔努尔夫[①]的土地太狭小了。如果您的威权决心要它，如果您的威权命令它，它会很容易地重新光亮，再度锋利。他们同伯纳德那棵幼芽一起构成从路易的一度瓜瓞绵绵的根柢留传下来的仅有的枝条，在您大力护持之下，会欣欣向荣地成长起来。因此，让我在与

① 阿尔努尔夫是胖子查理之弟卡洛曼的儿子，887年继查理为东法兰克国王（至899年），并取得皇帝称号（896年）。——译者

您同名的查理的传记里面插入一段您高祖丕平的事迹,这也许会为未来的小查理或小路易所阅读和效法。

**十五** 当伦巴德人和其他敌人进攻罗马人的时候,他们派遣使节来到上述这位丕平那里,请他看在圣彼得的份上从速降临援救他们。一当他战胜了敌人,他立刻胜利地来到罗马[①],居民们以赞歌来迎接他,歌词如下:

“使徒乡人,　　上帝仆臣,
此日莅降,　　带来和平,
使其故土,　　重获光荣,
敉平异教者,　　解放主之民。”

(许多人不懂得这首歌的含义和来源,往往在使徒们的诞辰唱它。)
丕平害怕罗马人的嫉视(或者更确切地说是君士坦丁堡人的嫉 141
视),很快地返回法兰克。



他发现他军队中的贵族常常在私下里轻蔑地议论他,有一天,他下令牵出一只庞大而凶猛的公牛,然后向它放出一头凶残的狮子。狮子以其怕人的狂怒扑向公牛,攫住它的颈项,把它翻倒在地。于是国王对站在他周围的人说道:“现在去把狮子从公牛的身上拉开,或者把压在这头身上的那头杀死。”他们面面相觑,心中一阵寒栗,在哽咽中几乎连这些话都说不出来了:“陛下,天下哪有人敢尝试这件事?”于是,丕平满怀信心地从宝座上站起来,抽出宝剑,只一挥就把狮子从脖项那里砍断,同时也把公牛的头从肩胛上切掉。然后,他收剑入鞘,重登宝座,说道:“你们认为我配作你们

① 丕平赴罗马一事,纯属传说,并无根据,后之编年史往往因袭之。——英译者

的主人吗？你们难道不曾听说幼小的大卫对巨人歌利亚做过些什么，[①]或者是幼童亚历山大对他的贵族做过些什么吗？"[②]他们匍匐地上，犹如遭到雷击，喊道："除去疯子之外，谁敢否定您统治全人类的权力呢？"

142 他不但在对付野兽和人时表现了勇武，而且还同邪恶的鬼怪进行过一场难以置信的搏斗。阿亨的温泉浴室还没有兴建，但是能医疗疾病的温水从地面冒了出来。他命令管事人员查看这水是否清洁，并且禁止任何陌生的人进入当地。命令执行以后，国王带着宝剑，只穿着麻布长袍和拖鞋，匆匆去到浴室；看哪！恶魔正等着他，向他进攻，就像是要杀死他似的。但是国王以十字符号增强胆力，拔出宝剑，看准一个人形的鬼影，用他无敌的宝剑劈了过去，刺穿鬼影，插入了地里，竟致须要经过一番努力之后，他才能把它重新拔出来。但是这个鬼怪已然具有形体，它用血水、恶秽和讨厌的臭泥把所有的水都污染了。尽管如此，却不能挫折这位不可战胜的丕平。他对管事人员说："不必介意这点小事。让这些脏水流一会儿，等它重新洁净的时候，我就马上洗我的澡。"

143 **十六** 最尊贵的皇帝，我本来打算仅仅围绕您的曾祖查理来编写我的小小的故事，他的全部业绩您是很清楚的。但是既然机缘凑巧，有必要提到您最光荣的被称做"光辉者"的父亲路易、您最



① 据《圣经·撒母耳记上》，第17章，大卫用机弦甩石杀死巨人歌利亚。——译者

② 亚历山大初即马其顿王位时年仅二十岁。宫廷贵族谋乱，亚历山大对之进行无情的镇压。——译者

诚笃的被称作“虔诚者”的祖父路易和您最尚武的高祖少丕平[1]的时候,我想,要是略过他们的功业而不置一词,那会是错误的,因为现代作者的怠惰已经使得他们几乎湮没无闻了。对于老丕平则已无须述及,因为学识最渊博的比德在他的教会史[2]中曾经把差不多整整一卷的篇幅奉献给他。但是,既然我曾经撇开正题细述了这些事情,那么我必须像天鹅游水似地折回到您光辉的同名者查理的本题上来。可是,假如我不稍微压缩一下他的某些战功的话,我就决不可能考虑到他的日常生活习惯了。现在我要尽可能简练地写出我所想到的事件。



**十七** 在百战百胜的丕平死后,正当伦巴德人重新攻打罗马的时候,尽管不可战胜的查理十分忙碌于阿尔卑斯山北部的事务,他还是疾速地进军意大利。在这一场法兰克人几乎是兵不血刃的战争中,当伦巴德人遭到挫折以后,或者也可以说,当他们自愿地投降以后,查理接受他们为他执役;并且为了防止他们此后重新叛
离法兰克王国或者危害圣彼得的土地,他娶了伦巴德人首领德西 144
德里乌斯的女儿。但是不久以后,因为她体弱多病,不大可能为查理生儿育女,由于教士中间最圣洁的人士的劝告,她被撇开一旁,简直就像已经死去一样。由此之故,她的父亲在激怒中用誓言把他的臣民约束在自己的麾下,亲自驻守在帕维亚城中,紧闭城门,准备对无敌的查理挑战。查理接到一些有关这一叛变的消息后,就以全速驰往意大利。

---

[1] 少丕平指矮子丕平,后文中老丕平指赫里斯塔尔的丕平,参看艾因哈德书第2节注。——译者

[2] 赫里斯塔尔的丕平的事迹见于比德所著《英吉利教会史》中之第5卷。——译者

恰巧有一个叫做奥特克尔的头等贵族在几年前曾经触怒过最可怖的皇帝，投奔德西德里乌斯避难。当这位令人畏惮的查理逼近的消息传来后，这两个人登上一座极高的塔，从塔上他们可以看到任何人在很远的距离向前行进。因此，当辎重马车出现的时候（这些马车比大流士或尤利乌斯所使用的马车行动更为疾速），德西德里乌斯对奥特克尔说：“查理是在那支大军之中吗？”奥特克尔回答说：“还不是。”后来当他看到从查理的帝国各地征集来的各族人的庞大兵力时，他有把握地对奥特克尔说道：“查理一定是在这些队伍之中洋洋得意地行进着。”但是奥特克尔回答说：“还不是，
145 还不是。”于是德西德里乌斯惊恐万状，并说：“要是还有更庞大的兵力随他而来的话，我们怎么办呢？”奥特克尔说：“等他来到的时候，你就可以看见他是什么样子。什么将会临到我们头上，我可说不出来。”看哪！正当他们这般地交谈的时候，查理的从不离身的亲随人员进入了视线；德西德里乌斯看到他们，惶恐地喊道：“查理在那里。”奥特克尔回答说：“还不是，还不是。”之后，他们看见了主教、修道院院长、宫廷教士以及他们的随从。当他看到他们，他憎恨光明而宁愿死去，哽咽而结巴地说：“让我们藏到地底下去，躲开这样一个可怕的敌人的面吧！”奥特克尔因为在从前比较美妙的日子里，对这位不可战胜的查理的政策和部署曾经有过充分而经常的了解，这时颤抖地回答说：“当你看到在田野里密布一片铁的庄稼，波河和提契诺河像海涛般地冲击城墙，水面由于铁的闪光而泛出黑色，那就是查理已经近在咫尺了。”话犹未了，从西面卷来一片乌云，使得明朗的白天变成可怕的昏暗，但是等到皇帝更临近的时
146 候，兵刃的闪光又将昏暗转为白昼，可是对于那些被困的守军来

说，这个白昼比起任何黑夜还要昏暗得多。此时这位铁的查理可以看清楚了，他头上戴着铁盔，手上罩着铁手套，他那铁的胸膛和宽阔的肩膀掩蔽在一副铁的胸甲里，左手高举着一支铁矛，右手永远停放在他的无敌的铁剑上面。通常大多数人为了骑马方便，大腿上都不用东西掩盖，可是轮到查理，大腿也披上了铁甲，我无须特意提到他的胫甲，因为全军的胫甲都是铁的。他的盾牌整个是铁的，他的战马是铁颜色并有一副铁石心肠。所有走在他前面，走在他身旁，走在他后面的人，整个军队的装备都是尽可能地密切效法他。田野和空地上都充满了铁，太阳的光芒被铁的闪光反射回去。一支比铁还要坚硬的人普遍地崇拜坚硬的铁。地牢的阴森还不如这铁的闪光更显得可怖。“呀，铁！倒霉的铁！”这便是从居民中间迸发出来的混乱的喊叫。在铁的面前，坚实的城墙摇撼了，在铁的面前，老老少少的决心瓦解了。当老实的奥特克尔目光疾速
一瞥，看到了我用结巴的语言，童稚的声调，杂乱无章的文字，拙笨 147
地描述着的这一切的时候，就对德西德里乌斯说：“你切盼看到的查理就在那里。”说完之后，他就跌倒在地，形同半死。

但是，由于该城居民不知是出自疯狂，还是寄希望于顽抗，拒绝让查理在当日进城，最富于创造性的皇帝就向他的随从人员说：“今天我们大家来修造个纪念物，免得别人指责我们懒散地度过了这一天。我们赶快为自己修建一间小小的祈祷室，要是他们不早些为我们打开城门的话，我们就可以在这里专诚地礼拜上帝。”他这些话刚刚说完，他的部下立即奔向四方，收集石灰和石块，木头和涂料，交给那些一直跟随查理的熟练的工匠。就在当天第四时到第十二时之间，他们在青年贵族和士兵的帮助下，修起了这样一

座礼拜堂，墙壁屋顶，一概俱全，并有带格子的天花板和壁画等装饰，凡是看过的人，谁也不相信要把它修成能够少于一年。但是至
148 于在第二天，有些居民如何要求打开城门，有些人尽管毫无胜利希望还如何要求对他作战，或者宁愿加强防御对他顽抗；以及他如何地不经过流血而仅仅凭借施展手段，轻易地取得胜利，夺取和占领该城——所有这些，我一定要留给那些不是出自敬爱而是为了利禄才追随陛下的人去讲。

此后，最虔诚的查理继续行进，来到弗里乌利城，那些卖弄才华的人称这座城为尤利乌斯广场。[①] 正在此时，那座城市的主教（或者用现在的话说是大主教），恰巧已临近生命的末刻。查理赶紧去探望他，为的是让他指出继任人选的名字。但是这位主教怀着卓异的虔诚，从内心深处发出叹息，说道："陛下，我担任这个主教职务已经很久了，但是毫无裨益，现在我把这件事留待上帝的明断和您的意旨。因为我不希望在临死的时候再在我平生聚集起来的罪恶之山上增添什么东西了，关于这些罪恶，我将要向那位无法回避的廉明的最后审判者作出交代。"最聪睿的查理听了这些话极为喜悦，因之他公正地认为这位主教在德性方面可以与古代的教父相媲美。

在所有雄武有力的法兰克人中间最为雄武有力的查理在那个
149 地方停留了一个短暂时期，这时他任命一位道德高尚的继任人接替那位谢世的主教；之后，在一个节日里，弥撒仪式举行完毕以后，他向扈从人员说："我们可不能让闲散把我们引向懒惰的习惯，我



① 尤利乌斯广场的拉丁文原文是 Forum Julii，与弗里乌利字音相近。——译者

们去打猎，去捕杀些东西吧，我们大家就穿着现在这身衣服前去吧。”这天阴雨寒冷，查理身穿一件羊皮衣服，这比起圣马丁[①]用他袒露的双臂向上帝作一次邀得恩准的奉献时所穿的那件披肩也多值不了几文。至于其他的人，由于那是一个节日，他们又刚刚从帕维亚来，那是威尼斯人一向把所有的东方财货从本土隔海运往的地方，因之，他们都穿着用山鸡皮和绸缎，或者用孔雀的颈、背和尾巴上初生的羽毛制成的袍服，趾高气扬地走着。有的人缀着紫红色和柠檬色的丝带，有的人围着毯子，有的人穿着貂皮袍子。他们出没在丛林中，遭到树枝、荆棘、蒺藜的撕挂，挨到雨水的淋浇，受到野兽血水和皮革秽物的沾污；然后就在这种狼狈的景况中回去了。于是最诡诈的查理说：“临睡之前，谁也不得脱去皮衣；穿在身上，它们会干得透一些。”每个人对自己的身体总比对衣服更加关切，于是便去找火，设法暖和一下自己。然后他们回来，继续伺候 150
查理，直到夜深才散值回寓。他们开始脱下皮制服装，解开纤细的皮带的时候，这些抽缩皱褶的衣服发出了像干柴折断那样的噼啪的声音，甚至从老远的地方都能听到。这些廷臣们长吁短叹，惋惜他们在一天之内损失了这么多的钱。然而，他们又从皇帝那里接到一道命令，要求在第二天穿着原来的皮衣去见他。等他们来到的时候，已经不复是前一天的华丽的外观了，他们穿着褪色而绽破的服装，显得又肮脏、又邋遢。于是满腹诡诈的查理对他的管事人员说：“把我的羊皮擦一擦，替我拿来。”它十分洁白，完好无缺。查理拿过它来，让所有在场的人观看，并且说了以下的话：“世上最糊

① 圣马丁(316—397年)曾任都尔主教。——译者

涂的人，我的这件是用一个银币买来的，你们的那些件是用好多磅，不然就是好多塔兰特[①]的银子买来的，这些衣服，到底是哪一件最值钱，最有用呢？”他们的眼睛垂向地面，因为他们承受不了他的最可怕的谴责。

151 您最虔敬的父亲在他整个的一生里都仿效查理大帝的这一榜样，他从来不许那些在他看来是配得上他的关注和教诲的人，在对敌作战的时刻，除去军装和羊毛、麻料衣服之外，再穿任何其他衣物。如果他的任何臣仆不懂得这条戒律，在身上穿戴了金银绸缎，而又恰巧碰见了他的话，他就要受到一顿下面那样的训诫，等到离去的时候，也就变得贤良和聪明一些了。“这是一片金银朱锦的火焰！你这无耻之徒，如果命中注定阵亡的话，你为什么不能以战死沙场为满足呢？难道你还应该把你的财富也送到敌人的手里去么？这笔财富本来可以用于赎救你的灵魂，现在却将用于装饰异教的庙宇了。”

尽管您知道得比我清楚，现在我还要讲一讲这位不可战胜的路易，从少年直到七十岁的时候，是怎样地喜爱着铁；以及他当着北欧人的使节之面做了一次什么样的喜爱铁的表演。

**十八** 当北欧人的国王们送来金银作为他们忠诚的证明，送来刀剑作为他们永世臣服的标志的时候，国王下令把那些贵重的
152 金属抛掷地上，让所有的人都加以蔑视，当做泥土似的加以践踏。但是当他坐上高大的宝座时，他命令把那些刀剑呈上来，他好试试它们。使臣们极力避免引起人们怀疑其中藏有阴谋诡计的可能

① 古代重量及货币单位名。——译者

性,于是就像仆人把刀子递给主人那样,捏着刀剑的尖端,冒着自身的危险,把它们献给皇帝。皇帝执着刀柄拿起一把来,试着把刀身从尖端一直弯向底部,但是刀身在他那只比铁本身还要坚硬的手里折断了。于是使臣中间的一个从刀鞘里拔出自己的佩刀,像臣仆一样把它呈给皇帝使用,说道:“我想您会认为这把刀是合乎您战无不胜的右手所要求的那种刚柔相济的。”于是这位皇帝,(他是一位真命皇帝!就像先知以赛亚在他的预言里所说的那样:“你们要追想被凿而出的磐石,”[①]因为在日耳曼所有的广大群众中间,唯有他蒙受上帝的特殊恩宠,上升到先世的勇武的高度。)——我说,这位皇帝折它就像折葡萄枝一样,从尖端一直弯到刀柄,然
后让它慢慢地重新伸直起来。使臣们面面相觑,惊恐地说:“但愿 153
我们的国王也这样地鄙视金银而珍视铁。”

**十九** 既然我已经提到北欧人,我愿意从您祖父的统治期间摘引一件轶事来说明他们对信教和领洗是多么轻视。正像雄武善战的大卫王死后的情况那样:为他坚强的手所制伏的邻近各族,在一个长时期里,向他秉性和平的儿子所罗门献纳贡赋,这支可怕的北欧人也复如此。他们仍然忠顺地向路易献纳他们曾因畏怖而向他父亲最庄严的查理皇帝献纳过的那种贡赋。有一次,最虔诚的路易皇帝垂怜他们的使臣,询问他们是否愿意接受基督教;当他们回答说他们随时随地在任何事情上都会欣然从命时,他命令以上帝的名义向他们施行洗礼。关于上帝,学识最渊博的奥古斯丁曾经说道:“如果三位一体不存在的话,那么真理也就不会有这种说

① 《圣经·以赛亚书》,第51章,第1节。——译者

法:‘去教导众人,以圣父、圣子和圣灵的名义为他们施行洗礼。’”宫廷贵族把他们就像孩子一般地收养过来,他们每个人从皇帝寝宫那里得到一件白色长袍,从他们教父那里得到一整套法兰克装束,包括贵重的袍服、军器和其他装饰品。

154 这种事情时常举行,他们年复一年,越来越多,并不是为了基督的缘故,而是为了世俗的利益。他们不再作为使节,而是作为忠心耿耿的封臣疾驰而来,在复活节前夕赶到,听候皇帝的意旨。恰巧有一次,他们来了五十个人。皇帝问他们是否愿意领洗,在他们作了忏悔之后,他吩咐立刻给他们施洒圣水。由于麻布长衫准备得不够数,他命令把衬衫剪开,然后再缝成大衫的式样。其中的一件立即披在一个年纪较大的人的肩上,他把长衫周身细看了片刻之后,暴怒填膺,对皇帝说:“我在这里经历这种洗澡的事已经有二十次了,我从前穿的都是纯白的精美衣衫,像这样的麻袋布只该给乡下佬,而不该给战士穿。要不是因为你们拿走了我自己的衣服而又没给我新的,我害怕赤身露体的话,我马上就要丢掉你们的大衫,同样也丢掉你们的基督。”

咳!基督的敌人是怎样地轻蔑基督的使徒的那些话啊:“你们
155 受洗归入基督的,都是披戴基督了。”[①]还有:“岂不知我们这受洗归入基督耶稣的人,是受洗归入他的死么?”[②]或者是那段专门针对藐视信仰,亵渎圣礼的人的话:“因为他们把上帝的儿子重钉十字架,明明的羞辱他。”[③]啊,但愿这只是异教徒的特殊情况,而不

① 《圣经·加拉太书》,第3章,第27节。——译者

② 《圣经·罗马书》,第6章,第3节。——译者

③ 《圣经·希伯来书》,第6章,第6节。——译者

会存在于那些以基督的名义相称呼的人们之间!

**二十** 现在我必须叙述一个关于头一位路易的美德的故事,然后再回过头来叙述查理。那位最温和的路易皇帝摆脱了外敌的侵扰后,就倾其全力于宗教活动,例如祈祷、慈善事业、司法诉讼的听审和公正判决。他的才能和经验使他对后一种事务非常熟练。有一天,当一个被大家公认是道地的亚希多弗[①]的人来到他那里打算行骗的时候,他虽然内心稍有激动,却以亲切的态度和温和的语调对他作了如下的回答。他说:"最聪明的安塞尔姆,如果许可我这样说的话,我就大胆地说你已经离开了正轨。"从那天起,那位公认的先知的声誉在全世界人的心目中就化为乌有了。

**二十一** 此外,最仁慈的路易是这等热心于慈善事业,因之他 156
不但喜欢让旁人当着他的面做好事,而且喜欢由他亲手来做。甚至在外出的时候,他也要对那些涉及穷人的案件的审理工作作出特殊的安排。他从他们那伙人中间选出一个体力不佳但勇气却显然超越同伴的人,命令他裁判他们所犯的罪行,监督被盗窃财产的归还,受伤害的赔偿,以及重罪案件中的切断肢体、斩首和绞架上陈尸示众等刑罚。这个人设置了公爵、郡尉、百夫长等名义及其代理人选,干练地完成了任务。



另外,这位把对基督的崇拜体现于关怀所有穷人的最仁慈的皇帝,从来不厌烦于把食物和衣服赠给他们,特别是在基督解脱肉体,准备为自己换上不朽之身的那天,他更是这样做。在那一天,

① 《圣经》中亚希多弗是大卫的谋士,善于谋划,后来背叛大卫。见《撒母耳记下》,第15—17章。——译者

他照例对每一个服务宫廷和供职朝廷的人赠送礼品。他总是命令
庞大帝国的各个地区送来许多腰带、护腿和珍贵的袍服，以便赐给
157 某些贵族；品秩较低的人可以获得各种颜色的弗里西亚出产的披
氅；他的马夫、厨子和厨房用人根据他们的需要得到麻布和毛呢的
衣服以及刀子等物。等到就像《使徒行传》所说的那样，没有人再
缺乏什么东西[①]的时候，到处就都是一片感激的心情。这些衣衫
褴褛的穷人此时已是衣冠齐楚，他们把声音提得高入云霄，高呼：
“上帝保祐神圣的路易。”这种呼声响彻阿亨所有宽阔的庭院和较
窄的门户（拉丁人通常称之为门道），所有能够来到皇帝身边的骑
士都来吻他的脚；那些不能前来的，就在皇帝前往教堂的途中，遥
遥参拜。其中有一次，一个傻瓜诙谐地说：“路易多幸福啊！您在
一日之间能够给这么多的人衣穿。基督在上，我想除了阿托[②]以
外，这一天在欧洲再也没有一个比您还能使更多的人有衣服穿的
了。”当皇帝问他阿托怎么可能使更多的人有衣服穿时，这位诙谐
家深以引起皇帝的注意而高兴，咧着嘴笑着说：“他今天分发了一
大批新衣服。”皇帝在面孔上带着尽可能愉悦的表情，认为这话本
身只是一个无知的笑话而已，就怀着虔敬的诚心进入教堂；他在这
158 里表现得如此虔诚，好像是我们的救主耶稣基督本人就在他肉眼
之前似的。

他习惯于每星期六洗一次澡，这样做倒不是出于有所需要，而是为了给他提供一个送礼的机会，因为他常常把所有脱下来的衣

① 见《圣经·使徒行传》，第 4 章，第 34 节。——译者

② 其人无可考。——英译者

物,赏给他的侍从,只有佩剑和腰带除外。他的慷慨施赠甚至惠及最低等级的人。他大方到这等地步,竟至有一次下令把他的全套服装赏给一个叫做斯特拉科尔夫的釉工——圣高尔修道院的一个仆役。男爵们的仆人听到这件事情,就在路上对他设下埋伏,打算向他行抢。于是他大喊道:“你们要干什么?你们胆敢对皇帝的釉工横施强暴!”他们回答说:“你可以保持你的职务,但是……”①〔原稿至此告终,斯特拉科尔夫此后的遭遇只好留待臆测了。〕

① 原文至此中断,后面的括弧系英译者所加。——译者

# 加洛林王朝世系表

（与本书有关部分）

赫里斯塔尔的丕平
奥斯特拉西亚和纽斯特里亚的宫相
死于714年

查理·马特
奥斯特拉西亚和纽斯特里亚的宫相
714—741年

矮子丕平
纽斯特里亚的宫相741—751年
（747年兼领奥斯特拉西亚）
法兰克国王751—768年

- 查理
  法兰克国王768—814年
  皇帝800—814年
- 卡洛曼
  法兰克国王
  768—771年

查理之子：

- 查理
  纽斯特里亚国王
  死于811年
- 丕平
  意大利国王
  死于810年
- 虔诚者路易
  皇帝814—840年

虔诚者路易之子：

- 洛塔尔
  意大利国王
  皇帝840—855年
  - 路易
    皇帝855—875年
- 日耳曼人路易
  东法兰克国王
  843—876年
  - 胖子查理
    东法兰克国王（876年起）
    兼领西法兰克国王
    884—887年
    皇帝881—887年
- 秃头查理
  西法兰克国王
  843—877年
  皇帝875—877年

# 人名、地名、种族名及其他译名对照表

## 人　名

### A

Aaron(Haroun)　诃论
Abbas　阿拔斯
Abraham　亚伯拉罕
Achitophel　亚希多弗
Adalbert　阿达尔贝尔特
Adalgis　阿达尔吉斯
Adalheid　阿达尔海德
Adallinda　阿达林达
Adalung　阿达隆
Adelais　阿德莱斯
Adolthrud　阿多尔特鲁德
Albinus(Alcuin)　阿尔比努斯(阿尔昆)
Aldefonsus　阿尔德丰苏斯
Alexander　亚历山大
Ambrose　安布罗斯
Anselm　安塞尔姆
Apollo　阿波罗
Aragis　阿拉吉斯
Arno　阿尔诺
Arnulf　阿尔努尔夫
Atto　阿托
Atula　阿图拉
Augustine　奥古斯丁
Augustus　奥古斯都

### B

Barchard　巴尔卡尔德
Baugulfus　鲍古尔富斯
Bede　比德
Bernard　伯纳德
Bernoin　贝尔诺因
Bero　贝罗
Bertha　贝尔塔
Berthaid　贝尔泰德
Bertrada　贝尔特拉达
Bobbio　博比奥

### C

Cæsar,Julius　凯撒,尤利乌斯
Cain　该隐
Carloman　卡洛曼

Charles 查理
Charles Martel 查理·马特
Charles the Fat 胖子查理
Charles the Great 查理大帝
Cicero 西塞罗
Clement 克利门特
Constantine 君士坦丁

**D**

Darius 大流士
David 大卫
Desiderius 德西德里乌斯
Diocletian 戴克利先
Dis 迪斯
Domitianus 多米提亚努斯
Drogo(Drogot) 德罗戈

**E**

Edo 埃多
Eggihard 埃吉哈德
Eginhard 艾因哈德
Eishere 艾斯黑尔
Eleasar 以利亚撒
Emmeran 埃梅兰
Engilbert 恩吉尔贝尔特
Eos 伊奥斯
Ercangar 埃尔坎加尔
Erene 伊琳娜
Eric 埃里克
Esau 以扫

**F**

Fastrada 法斯特拉达
Fridugisius 弗里杜吉西乌斯

**G**

Gerold 格罗尔德
Gersuinda 格尔苏因达
Gisla 吉斯拉
Godofrid 戈多夫里德
Goliath 哥利亚
Gotefrid 戈特夫里德
Gregory 格雷戈里
Grimald 格里马尔德
Grimold 格里莫尔德
Gundrada 贡德拉达

**H**

Hadrian 哈德良
Haistulf 海斯图尔夫
Hartmuth 哈尔特穆特
Hatto 哈托
Heitto 海托
Hilderich (Childeric) 希尔德里克
Hildibald 希尔迪巴尔德
Hildigard 希尔迪加尔德
Hildigern 希尔迪格尔恩
Hiltrud 希尔特鲁德
Holofernes 赫洛斐尼斯
Hrotrud 赫罗特鲁德

Hruodgausus　赫鲁奥德高苏斯
Hruodhaid　赫鲁奥德海德
Hugo　雨果
Hunold　胡诺尔德

**I**

Irmin　伊尔明
Isaiah　以赛亚
Isambard　伊散姆巴尔德

**J**

Jehovah　耶和华
Jerome　耶罗姆
Jesse　耶西
John　约翰
Joshua　约书亚
Judith　尤迪特
Julian　尤利安

**K**

Kerold　克罗尔德

**L**

Laidrad　莱德拉德
Leo　利奥
Lewis(Ludovicus)　路易
Liutfrid　柳特夫里德
Liutgard　柳特加尔德
Lothar　洛塔尔
Lupus　卢普斯

**M**

Madelgarda　马德尔加尔达
Mary　马利亚
Meginhard　梅金哈尔德
Meginher　梅金黑尔
Michael　迈克尔
Moses　摩西

**N**

Nebuchadnezzar　尼布甲尼撒
Nicephorus　尼基法拉斯
Notker　诺特克

**O**

Otker　奥特克尔
Otolf　奥托尔夫

**P**

Paul　保罗
Peter　彼得
Phœbus　费布斯
Pippin　丕平
Pippin of Heristal　赫里斯塔尔的丕平
Pippin the Short　矮子丕平
Pluto　普路托
Polyphemus　波吕斐摩斯

**R**

Regina　雷吉纳

Richolf　里科尔夫
Rihwin　里温
Roccolf　罗科尔夫
Roland　罗兰
Rumold　鲁莫尔德
Ruothild　鲁奥提尔德

**S**

Saint Anthony　圣安东尼
Saint Augustine　圣奥古斯丁
Saint Benedict　圣本笃
Saint Boniface　圣旁尼法斯
Saint Columban　圣科隆班
Saint Denys　圣德尼
Saint Didier　圣迪迪埃尔
Saint Gall　圣高尔
Saint Gregory　圣格雷戈里
Saint Hemmeramm　圣黑梅拉姆
Saint Martin　圣马丁
Saint Othmar　圣奥特马尔
Saint Pancras　圣潘克拉斯
Sargon Ⅱ　萨尔贡二世
Seth　塞特
Silvester　西尔维斯特
Solomon　所罗门
Stephen　斯蒂芬
Stracholf　斯特拉科尔夫
Suetonius　苏埃托尼乌斯

**T**

Tacitus　塔西佗
Tancho　坦科
Tassilo　塔西洛
Tharsatica　塔尔萨提卡
Theoderada　提奥德拉达
Theoderic　提奥德里克
Theodo　提奥多
Theodolf　提奥多尔夫
Theuderic　提乌德里克
Tithonus　提通努斯

**U**

Udalric　乌达尔里克
Unruoc　翁鲁奥克

**V**

Vulturnus　伏尔图尔努斯

**W**

Waifar　魏法尔
Walafrid（Walafridus）Strabo　瓦拉夫里德·斯特拉博
Walatho　瓦拉托
Waltgaud　瓦尔特高德
Warin　瓦林
Werinbert　韦林贝尔特
Wolphar　沃尔法尔

**Z**

Zacharias　扎卡里亚斯

## 地名、种族名及其他

### A

Abodriti　阿博德里提人
Æduans　伊杜安人
Afric　阿夫里克(西偏南)
Africa　阿非利加
Aisti　艾斯提人
Aix　阿亨
Alamanni(Alemmanni)　阿勒曼尼人
Alemania　阿勒曼尼亚
Alexandria　亚历山大
Alps　阿尔卑斯山
Alsace　阿尔萨斯
Anak　亚衲人
Aquilon　阿基隆(北偏东)
Aquitaine　阿奎丹
Aquitanians　阿奎丹人
Arar　阿拉尔河
Arles　阿尔
Armenians　亚美尼亚人
Assyrians　亚述人
Asturica　阿斯图里卡
Augusta Prœtoria　奥古斯塔·普里托里亚
Auster　奥斯特尔(南)
Austrasia　奥斯特拉西亚
Austro-Afric　奥斯特罗—阿夫里克(南偏西)
Avars　阿瓦尔人

### B

Balearic　巴利阿里克海
Batavian Ⅰ.　巴塔维亚岛
Baugolf　鲍戈尔夫
Bavaria　巴伐利亚
Bavarians　巴伐利亚人
Beneventum　本内文图姆
Berbers　柏柏尔人
Besançon　贝桑松
Birra　比拉河
Bohemia　波希米亚
Bohemians　波希米亚人
Bordeaux　波尔多
Bourges　布尔日
Bretons　布列塔尼人
Britain　不列颠
Brittany　布列塔尼
Bulgarians　保加利亚人
Bulgars　保加尔人
Burgundy　勃艮第

### C

Calabria　卡拉布里亚
Campania　坎帕尼亚
Capua　卡普亚
Carthage　迦太基

Cassino　卡西诺山
Centumcellae　森图姆塞利
Circius　西尔西乌斯(北偏西)
Cologne　科隆
Constance　康斯坦茨
Constantinople　君士坦丁堡
Corus　科鲁斯(西偏北)

**D**

Dacia　达西亚
Dalmatia　达尔马提亚
Danes　丹麦人
Danube　多瑙河
Darantasia　达兰塔西亚
Detmold　德特莫尔德
Dura　杜拉河

**E**

Ebro　埃布罗河
Egypt　埃及
Elamites　依兰人
Elbe　易北河
Embrun　昂布伦
Emilia　埃米利亚
Etruria　埃特鲁里亚
Euroauster　尤罗奥斯特尔(南偏东)
Eurus　尤鲁斯(东偏南)

**F**

France,Frankland　法兰克
Francia　法兰西亚
Frankfurt　法兰克福
Franks　法兰克人
Fréjus　弗雷儒斯
Frisia　弗里西亚
Friuli　弗里乌利
Fulda　富尔达

**G**

Gallœcia　加利西亚
Garonne　加龙河
Gascons　加斯康人
Gascony　加斯康尼
Gaul　高卢
Germans　日耳曼人
Germany　日耳曼
Gilgal　吉甲
Goths　哥特人
Grado　格拉多
Greeks　希腊人

**H**

Hasa　哈萨河
Histria　希斯特里亚
Huns　匈奴人

**I**

Iberian Pen.　伊比利亚半岛
Indians　印度人
Ingelheim　英格尔海姆

Ionian Sea 爱奥尼亚海
Ireland 爱尔兰
Israel 以色列
Italy 意大利

J

Jerusalem 耶路撒冷
Jews 犹太人
Judea 犹太
Juvavum 于法富姆

L

Lech 莱希河
Liburnia 利布尔尼亚
Liguria 利古里亚
Loire 卢瓦尔河
Lombards 伦巴德人
Luneburg 卢内堡
Lyons 里昂

M

Macedonians 马其顿人
Mainz 美因茨
Marmora 马尔莫拉
Medes 米太人
Merovingian 墨洛温
Metensian 梅坦西安(对圣歌的称呼)
Mette 梅特(对圣歌的称呼)
Mettisk 梅蒂斯克(对圣歌的称呼)
Metz 梅斯
Milan 米兰
Moingewi 莫因格维
Moors 摩尔人
Moselle 摩泽尔河

N

Narbonne 纳尔榜
Navarre 纳瓦尔
Neustria 纽斯特里亚
Nile 尼罗河
Nimeguen 尼梅根
Nodostrani 北方人
Noricum 诺里库姆
Normen 诺曼人
Northmen 北欧人
Numidia 努米底亚

O

Osnabrück 奥斯纳布吕克
Osning 奥斯宁

P

Pannonia 潘诺尼亚
Paris 巴黎
Parthians 帕提亚人
Pavia 帕维亚
Persians 波斯人
Pisa 比萨
Po 波河

Poitiers　普瓦提埃
Provence　普罗旺斯
Prumia　普鲁米亚
Pyrenean range, Pyrenees　比利牛斯山

**R**

Ravenna　拉文纳
Regensburg　雷根斯堡
Rhætia　里提亚
Rheims　兰斯
Rhine　莱茵河
Rhone　罗纳河
Ripuarian Franks　里普阿尔法兰克人
Rome　罗马
Roncesvalles　朗塞瓦尔峡谷
Rouen　鲁昂

**S**

Saal　萨尔河
Salic Franks　萨利克法兰克人
Salsburg　萨尔斯堡
Samaria　撒玛利亚
Samnium　萨姆尼乌姆
Saracens　萨拉森人
Saxons　萨克森人，撒克逊人
Saxony　萨克森
Scotchmen, Scots　苏格兰人
Seligenstadt　塞利根施塔特
Sens　桑斯
Septentrion　塞普腾特里翁(北)
Septimania　塞普提曼尼亚
Slavs　斯拉夫人
Sorabs(Sorabi)　索拉布人
Soracte　索拉克特山
Spain　西班牙
Spaniards　西班牙人
Suabia　士瓦本
Subsolanus　苏布索拉努斯(东)
Swedes　瑞典人
Syria　叙利亚

**T**

Teutonic(Teuthiscan) tongue　条顿(条提斯坎)语
Tharsatica　塔尔萨提卡
Thuringians　图林根人
Ticino　提契诺河
Tigris　底格里斯河
Tortosa　托尔托萨
Tours　都尔
Trèves　特里夫斯
Turgau　图尔高
Tuscany　托斯卡纳
Tusculan　图斯库兰
Tyrol　推罗

**V**

Vandals　汪达尔人

Venetians　威尼斯人
Vienne　维恩
Vistula　维斯杜拉河
Vulturnus　伏尔图尔努斯(东偏北)

**W**

Waal　瓦尔河
Welatabi　维拉塔比人
Wilzi(Wiltzes)　维尔齐人
Winides　维尼德人

**Y**

York　约克

**Z**

Zephyr　塞菲尔(西)

**图书在版编目(CIP)数据**

查理大帝传/(法兰克)艾因哈德,(法兰克)圣高尔修道院僧侣著;戚国淦译.—北京:商务印书馆,2017
(汉译世界学术名著丛书:120年纪念版:珍藏本)
ISBN 978-7-100-14410-0

Ⅰ.①查… Ⅱ.①艾… ②圣… ③戚… Ⅲ.①查理大帝(Charles the Great,Charlemagne 742-814)—传记
Ⅳ.①K835.607=314

中国版本图书馆CIP数据核字(2017)第152380号



汉译世界学术名著丛书
(120年纪念版·珍藏本)
**查理大帝传**
〔法兰克〕艾因哈德 圣高尔修道院僧侣 著
〔英〕A.J.格兰特 英译
戚国淦 译

商 务 印 书 馆 出 版
(北京王府井大街36号 邮政编码100710)
商 务 印 书 馆 发 行
北京通州皇家印刷厂印刷
ISBN 978-7-100-14410-0

2017年12月第1版 开本 710×1000 1/16
2017年12月北京第1次印刷 印张 7¾
定价:38.00元